经济学是本故事书
Economics is the story book

陈涛涛 ◎ 著

企业管理出版社
ENTERPRISE MANAGEMENT PUBLISHING HOUSE

图书在版编目（CIP）数据

经济学是本故事书 / 陈涛涛著 . -- 北京：企业管理出版社，2013.7
ISBN 978-7-5164-0408-9

Ⅰ．①经… Ⅱ．①陈… Ⅲ．①经济学－通俗读物 Ⅳ．① F0-49

中国版本图书馆 CIP 数据核字（2013）第 133172 号

书　　　名：	经济学是本故事书
作　　　者：	陈涛涛
责任编辑：	宋可力
书　　　号：	ISBN 978-7-5164-0408-9
出版发行：	企业管理出版社
地　　　址：	北京市海淀区紫竹院南路 17 号　　邮编：100048
网　　　址：	http://www.emph.cn
电　　　话：	编辑部（010）68453201　　发行部：（010）68701638
电子信箱：	80147@sina.com　　xhs@cmph.cn
印　　　刷：	北京毅峰迅捷印刷有限公司
经　　　销：	新华书店
规　　　格：	710mm×1000mm　1/16　14 印张　170 千字
版　　　次：	2013 年 7 月第 1 版　2013 年 7 月第 1 次印刷
定　　　价：	29.80 元

版权所有　翻印必究·印装有误　负责调换

目录

第一章·不可不读的经济学 / 001

退避三舍——做个理性经济人 / 002

三只动物拉车——理性选择导致非理性结果 / 006

画皮——包装很重要 / 009

爱江山更爱美人——机会成本 / 011

冲冠一怒为红颜——权衡取舍 / 014

借四壁余光——搭便车理论 / 017

曾国藩保举身边人——让别人也尝到甜头 / 019

两只母山羊——妥协是必要的 / 022

昭君出塞——怎样处置稀缺资源 / 024

涸泽之蛇——竞争要出奇制胜 / 027

三顾茅庐——没点资本怎么行？ / 029

第二章·经营有道的经济学 / 033

官渡之战——高风险、高收益 / 034

奇货可居——利润最大化 / 038

淳于髡出使——舍得投资才会有回报 / 041

长平之战——生产要素的最优组合 / 043

第三章·管理有方的经济学 / 047

滥竽充数——好的制度没有空子可钻 / 048

债台高筑——预算约束 / 051

人尽其才——合理分工 / 054

鸡鸣狗盗——成本与收益分析 / 057

燕昭王招贤——合理运用激励制度 / 060

火烧庆功楼——委托代理 / 063

萧何月下追韩信——人才是最重要的 / 067

第四章·经济学的心理密码 / 071

赌资不是钱——人们的心理账户 / 072

马价十倍——名人效应 / 074

朝四暮三——唯有满意才会有价值 / 076

一饭千金——效用价值论 / 078

昭支显买牛——期望越低，满意越高 / 080

不幸福的兔子——幸福是什么 / 083

第五章 · 经济学遇上博弈论 / 087

田忌赛马——博弈论三要素 / 088

狐假虎威——智猪博弈 / 091

靖难之役——零和博弈 / 095

开窗难题——非零和博弈 / 098

七擒孟获——重复博弈 / 101

玄武门之变——先发优势 / 104

鸿门宴——最优反应 / 109

坐山观虎斗——枪手博弈 / 115

第六章 · 雾里看花的经济学 / 119

田父得玉——不完全信息 / 120

东床快婿——信息对称 / 123

拒绝公主的屠夫——信息甄别 / 126

九方皋相马——提取有效信息 / 129

穿井得人——信息失真 / 131

第七章·一手遮天的经济学 / 133

生木造屋——政府要尊重市场规律 / 134

杯弓蛇影——政府要对症下药 / 137

君子协议——政府的价格干预 / 141

失信于人——政府信用 / 145

修建长城——公共物品 / 149

贪污之王——寻租 / 152

盐铁官营——垄断 / 155

石崇与王恺斗富——垄断的弊端 / 158

李广难封——买方垄断 / 161

救时宰相——双边垄断 / 164

第八章·民生攸关的经济学 / 167

采菊东篱下——自愿失业 / 168

范仲淹被贬——非自愿失业 / 171

清朝的千叟宴——社会福利 / 175

一碗水真的端平了吗——收入分配差距 / 178

为什么一直买不起房——中国的房价问题 / 181

到底该怎么卖粮食——住房分配难的问题 / 184

怎样施粥才能公平——春运火车票的分配难题 / 188

第九章·面向未来的经济学 / 193

杯酒释兵权——帕累托改进 / 194

窃符救赵——菲利普斯曲线 / 197

贞观之治——经济发展 / 202

竭泽而渔——可持续发展 / 205

家长应该怎样教育孩子——政府主导和中国模式 / 208

重农抑商——工商业与农业的关系 / 212

第一章
不可不读的经济学

退避三舍——做个理性经济人

晋文公是春秋五霸之一，他在成为晋国的君主之前曾经在外流浪了十九年，受尽了磨难。在他还是个小伙子的时候，他的父亲晋献公就听信小老婆的谗言派兵追杀他，没有办法他只好带着身边的人逃到了翟国，这是自己母亲的国家。他在翟国呆了十二年，由一个青年人变成了一个中年人。后来他的父亲晋献公去世后晋国发生内乱，大臣们杀死了继位的国君，然后派人到翟国请求他回国担任国君，晋文公觉得国内情况不明没有同意。于是晋国的大臣就迎接他的弟弟夷吾做了国君，就是晋惠公。

晋惠公做国君后马上派人到翟国刺杀晋文公，晋文公事先得到了消息，便带领身边的人离开翟国，踏上了流浪之路。他们先逃到了卫国，可是卫文公却没有礼遇他，这时他们的粮食、钱财都已经用完了，过着饥寒交迫的生活。在一个叫五鹿的地方，晋文公放下架子向卫国的农夫乞讨食物，可农夫只给了他一块土。晋文公非常生气想打农夫，但是被大臣狐偃劝住了，狐偃觉得土是上天的恩赐，于是他们把土装在车上带走了。

后来他们一行人来到了齐国，受到了齐桓公的殷勤招待。齐桓公看到晋文公不是一般人，怕他对自己的子孙不利，就把齐国宗室的女子嫁给了晋文公，希望以此拴住他的心。后来齐桓公病逝，他的儿子为了争夺国君之位而互相攻伐，于是齐国大乱。晋文公等人又离开齐国来到曹国，可是曹国的国君曹共公侮辱了晋文公，这让晋文公怀恨在心。晋文公又到了宋国，宋襄公对他很好。可是到了郑国时郑文公却对他非常不好，无奈他又离开郑国来到了楚国。

楚国的国君楚成王一听说他来了，马上亲自远迎。然后三日一小宴，五日一大宴，晋文公就像回到了自己家一样。有一天楚成王在宴会上问晋文公："您有朝一日回到晋国做了国君，该怎么报答我呢？"晋文公思考了一会儿回答说："我如果真的能返回晋国都是因为您的帮助。倘若晋国和楚国有一天在战场上相遇，我一定会退避三舍，以此报答您的厚恩。"楚成王听了之后沉默不语，楚国的大将子玉却对晋文公的回答很不满意，他觉得晋文公将来必是楚国的大敌，要求楚成王借此机会杀掉晋文公，可是楚成王没有同意。

在这个时候，晋国的情况发生了改变，晋惠公病死了，他的儿子晋怀公从秦国逃走，回到了晋国。秦穆公对晋惠公、晋怀公父子俩的所作所为很不满意，于是决定支持晋文公回晋国当国君。晋文公听到这个消息后非常高兴，就带着自己的人离开楚国来到秦国，得到了秦穆公的厚待，并且秦穆公还将自己最喜爱的小女儿嫁给了晋文公。随后晋文公在秦国军队和本国大族的支持下打跑了自己的侄子晋怀公，回晋国做了国君。

晋文公即位后积极整顿内政，发展生产，晋国渐渐地强盛起来了。实力壮大后，晋文公也想像齐桓公那样做中原的霸主。机会很快就来了，周天子周襄王被自己弟弟和一些大臣联合狄人发兵推翻了，他带着几十个人跑到了郑国。他想让诸侯派兵护送自己回京城，但是没有人愿意。后来他听从大臣的建议，派使者请晋文公发兵护送他回京城

（西周的都城洛邑）。晋文公觉得这是个树立威信的好机会，于是他先是派兵打败了狄人，杀死了犯上作乱的太叔带和他的同伙，然后护送周天子周襄王回到洛邑。

过了两年后宋襄公的儿子宋成公跑来向晋文公求救，说楚国派大将子玉率领楚国和其他四个小国的军队进攻宋国，希望晋文公救救宋国。晋文公觉得这是个好机会，一来可以报答当年宋襄公对自己的恩情，二来可以打败楚国，确立自己的霸主地位。但是楚成王也对自己有恩，他不好直接和楚军对抗，所以就先发兵灭了依附于楚国的曹国和卫国，将他们的国君都俘虏了，也算是一雪当年的耻辱。

楚成王听说晋文公亲自率领大军前来，就不想和晋军交战，于是命令子玉撤退。可是子玉认为宋国马上就可以拿下，不肯半途而废，反而要求楚成王给他增派军队，楚成王虽然很生气，但还是给他增派了少量军队。得到支援后的子玉马上派使者到晋军的大营，要求晋文公把曹国和卫国的国君放了，然后再商量议和的事。晋文公却在暗地里答应曹国和卫国的国君让他们复国，但是要求他们必须和楚国绝交，曹国和卫国的国君一听有复国的希望就都爽快地同意了。子玉收到曹国和卫国的绝交书后非常生气，马上拒绝了齐国和秦国这两个大国的调解，决心和晋国一战，于是齐国和秦国也都站在了晋国一边。

接下来晋军在和楚军的战斗中首先退避三舍（向后退了九十里），实现了晋文公当年对楚成王许下的诺言，然后一举击败了子玉率领的五国联军，子玉也在撤退的途中自杀。此战之后楚国的力量被削弱，晋国的实力增强，晋文公也如愿登上了霸主的宝座。

从上面的故事中我们可以看到，晋文公在十九年的流亡生涯中所做的事情大都非常理性。他在遭遇羞辱时并没有像匹夫一样奋起一击流血五步，要是这样的话中国历史上也就不会有晋文公了。他在获得厚待时也表现得不卑不亢，因此受到了很多人的尊重。晋文公回国当上国君后表现得更加理性，他并不因为自己遭遇了太多的苦难而急于享乐，而是奋发图强，让晋国变得强盛起来。他在没有人愿意派兵护送周天子的时候果断派兵为周天子保驾护航，由此赢得了周襄王的感激。在面对楚国为首的五国联军时他所走的每一步同样理性，可以说没有一点差错，最终将楚国打败做了霸主。

在经济学中，我们把晋文公这样做事理性的人称为"理性经济人"。理性经济人所做的每一件事都是为了让自己获得最大的利益，可以说都是自私的，但他却能在经营中取得极大的成功。因此我们在从事生产经营活动的时候一定要尽量理性一些，考虑清楚再行动，这样自己就能取得成功，获得最大的利益。

经济学小窗口

理性经济人其实是在做经济分析时对人类经济行为的一个基本假定，意思是作为经济决策的主体都是充满理性的，也就是说他们所追求的目标都是让自己的利益得到最大化。具体来说，就是消费者追求自己所购买商品的效用最大化，生产经营者追求利润最大化，生产要素所有者追求收入最大化，政府则追求决策最优化。

三只动物拉车——理性选择导致非理性结果

从前有三只动物,一只虾、一只天鹅和一条梭子鱼,他们是要好的朋友。有一天,他们三个想把自己乘坐的小车从大路上拖下来,于是他们就在车上拴了三根绳子。拴好绳子后他们分别把一根绳子系在自己身上,然后他们开始一起拉车。

只见天鹅把绳子向天上拉,虾拉着绳子向后倒拖,梭子鱼把车向池塘拉去。他们都使出了全身的力气,可是小车还是一动也不动。

三只动物之所以使出全身的力气都没能拉动小车,不是因为他们的力量不够强,而是因为他们的力量没往一个方向使。可以说,他们都根据自己的习惯做出了非常理性的选择,可是这些理性的选择加在一起却是错误的,并没有让他们拉动小车。

其实,在生活中经常会出现这样的现象。比如大家为了去看一场足球比赛,都想节省时间走近路,这样的选择是非常正确的。可是因为大家都这样做,所以这条路就必然会出现堵塞,反而不如走远路节省时间。再比如消费者发现一件商品物美价廉,所以都决定多买点,这个决定也非常理性。但是最后会发现自己并不能多买,因为这件商品涨价了,这是由于所有的人都一起买的缘故。

在经济学中，我们把这种现象称为"理性合成谬误"，也就是每个人所做的决定都是正确的、理性的，但是一旦大家都这么做，那么结果就会和你所期望的恰恰相反，出现了错误的结果。尽管每个人都是理性经济人，但理性的选择叠加起来，却导致了一个非理性的结果。

政府在对国民经济、国民收入的宏观调控方面也经常会出现这种"理性合成谬误"。比如国家为了让国民经济稳定增长，就必须让老百姓的储蓄和投资达到平衡，可是想做到这一点并不容易，因为投资和储蓄的主动权掌握在老百姓手上。比如经济衰退的时候原本应该增加投资，可是因为老百姓对经济没有信心，所以大家都做出了减少投资的决定，认为这样做可以避免损失。这个决定在老百姓看来是非常正确的，既然环境不好，那还投资干什么。可是大家都这样做的结果是经济更加衰退，老百姓的生活更加不好，损失更大。到经济过热的时候，原本应该减少投资、增加储蓄给经济降温，可是老百姓觉得经济环境这么好，应该增加投资，于是大家一起增加投资，经济泡沫越吹越大，最终引发经济危机。

鉴于"理性合成谬误"现象的存在，有时候我们在进行投资时不妨逆潮流而动，说不定能够获得意想不到的收获。

经济学小窗口

在经济学领域中，在微观上是对的东西在宏观上并不总是对的；反之，在宏观上是对的东西，在微观上可能是十分错误的。

合成谬误是缺乏创造性和开拓性的表现，它会造成重复生产、资源浪费、结构单一。但是合成谬误也是市场自我调节的一种表现，平衡着供求和价格的关系。

回味无穷

从前在美国的一个小镇上，经常有很多来旅游的人。他们有时候会扔一些零钱给当地小孩子，孩子们就会抢着去拣。

只有一个小孩非常特别，他每次都不会拣五元、十元的钞票，他一直都是很认真地拣着1元的硬币，拣完后他就会背着书包回家。

那些游客和当地人都觉得这个孩子是个呆子，分不清哪些钱大，因此大家都很关注他。六年过去了，那个小孩子长大了，可是他依然只是拣1元的硬币，捡完后就背着书包回家。

这些年，这个小镇的名气越来越大，越来越多的人来这里旅游，游客们来之前都从导游那里听到了这个小孩的故事。因此大家来到小镇后，都会主动要求看一看那个小孩。大家只扔钱给那个已经长大了的孩子，可是他还是只拣1元的硬币，绝对不会碰其他的钱。于是大家都非常怜悯这个孩子，觉得他的智商明显有问题。

时间一长，这个孩子的父母也怕他的智商有问题，有一天他的妈妈就忍不住问他："为什么只拣1元的硬币，我看你到商店买东西的时候能够分清钱的大小啊！"

没想到那个孩子回答的话让妈妈永生难忘，他说："如果我拿了其他的钱，就再也不会有人向我扔钱了。"

这个小孩后来成为美国的金融大亨。

画皮——包装很重要

《聊斋志异》中有这样一则故事。太原王生在早上出行的时候，遇到了一个十六七岁的美貌女子，心里非常喜欢，一打听才知道是一个大户人家逃出的侍妾。于是王生就将她带回家，藏到自己的书房里，并和她做出了越轨之事。几天之后王生把这件事告诉了自己的妻子，妻子劝他把这个女子打发走，王生因为贪图女子的美貌而没有听从妻子的意见。

有一天，王生在大街上遇到了一个道士，道士看到他后断定他被鬼怪所纠缠。王生觉得道士是故意危言耸听，他认定那样漂亮的女子绝对不会是鬼怪，道士这样说只是想得到一点好处罢了。

可是当他回到家时，却看见那个美丽的女子变成了一个青面獠牙的恶鬼，正拿着一张人皮在描绘，她画好了之后就重新披上人皮，变成了那个美丽女子。这下把王生吓坏了，他赶忙跑出去找到道士，向他诉说自己看到的一切，哀求道士解救自己。可是道士不忍心伤害女鬼的性命，只是给了王生一束拂尘，说这束拂尘可以保全王生的性命。王生到家后把拂尘挂在自己的卧室外边，可是那个恶鬼不愿意放弃到手的肥肉，所以还是撕碎拂尘，将王生的心给吃了，然后逃跑了。王生死后他的老婆找到道士，请求道士捉拿女鬼为王生报仇。道士听说王生被女鬼杀了，也非常生气，就出手捉住了女鬼，最终将她收进了自己的葫芦中。后来王生的妻子经过很多磨难终于将王生救活了。

原本青面獠牙的女鬼披了一张人皮之后就变成了美丽的少女，这才因为拥有美丽的面容而得到王生的接纳。如果她没有美丽的面容，那么王生就根本不会多看她一眼。因此王生喜欢的其实是那一层美丽的人皮"包装"，而不是真正的人。从这层意思上来说，那个女鬼倒是很懂得商品包装的，她很清楚华丽的包装能够吸引人。同样，在人们的经济生活中没有经过包装的商品很少，没有经过包装的商品销售情况也很不好，因为它们通常都没有办法得到消费者的认可。

事实上，在现代经济生活中商品包装已经成为产品整体的一个重要的组成部分，具有保护和美化商品，方便经营和消费以及促进销售的功能。因此质量好、包装好的商品才是最畅销的商品，如果只是质量好包装很差，那么就没有办法吸引人的眼球。当然包装好质量不好的商品可能会欺骗消费者一时，但是绝不可能欺骗消费者一辈子。除此之外，经营者在对商品进行包装时千万要注意"度"，绝对不能过度包装或是欺骗性、虚假性包装，这会让消费者深恶痛绝。

爱江山更爱美人——机会成本

唐玄宗李隆基是我国历史上的知名皇帝，他和杨贵妃的爱情故事更是妇孺皆知。他一手缔造了开元盛世，又一手将强大的唐王朝带入了衰败之中。

唐玄宗刚刚当皇帝的时候，生产凋零、吏治腐败、政治局势动荡不安，面对这些问题，他决定选拔一批贤能之人治理国家，先把经济搞上去。于是他先后提拔了姚崇、宋璟、张说、张九龄等人为宰相，而且还大胆地采纳他们的建议。除此之外，他还对贪官污吏进行了严厉的打击，大大地减少了贪污腐败的现象，提高了政府的工作效率。在他和宰相们的共同努力下，唐王朝很快就出现了国库充盈、人民富足、四海升平的繁荣景象，这就是后世所称颂的"开元盛世"。

然而面对盛世，唐玄宗很快就懈怠了，他开始变得沾沾自喜，好大喜功，骄傲自满，每天都沉迷于享乐之中，再没有开始时积极进取的精神了。他开始任用李林甫等奸臣，把国家大事弄得乌烟瘴气，一片黑暗。除此之外，他还办了一件轰动天下的事，将自己的儿媳妇杨玉环抢过来做老婆，而杨玉环就是我国历史上有名的杨贵妃。可以说这时候的唐玄宗已经完全堕落了。

自从拥有了杨贵妃，唐玄宗更是陷入温柔乡中不能自拔。由于杨贵妃得宠，他的堂哥杨国忠也一步步升为宰相，夸张的是他居然一个人兼任四十多个职务。可是杨国忠并不是一个治国之才，唐玄宗把国家大事交给他之后，导致原本已经很黑暗的朝政变得更加黑暗。于是唐王朝的百姓都生活在水深火热之中，国家的力量也一步步被削弱。

后来由于杨国忠处置不当，把安禄山逼反了，结果唐王朝陷入了长达八年的"安史之乱"。最终杨国忠被杀，杨贵妃自杀，唐玄宗成了太上皇，唐王朝也由此走上了衰亡的道路。

唐玄宗刚登基时为了国家的富强而舍弃了个人的享乐，这就是他这个时候为了国家富强所付出的机会成本；后来他为了个人的享乐而让国家爆发了战乱，唐王朝走上了衰败的道路，这就是他为了享乐而付出的机会成本。

这个故事就是告诉我们，在市场经济中你做任何事都要付出一定的代价，你所付出的这些代价就是你所付出的机会成本。要想不付出机会成本就去办成一件事，是完全没有可能的。比如当一个生产者想利用自己所掌握的经济资源去生产一辆汽车时，就意味着他不能利用自己所掌握的经济资源去生产两百辆自行车，那么这两百辆自行车就是他为了生产一辆汽车所付出的机会成本。如果要用具体的货币数量来代替实物商品的话，那么我们假设两百辆自行车的价值是十万元，我们就可以说，一辆汽车的机会成本是价值为十万元的自行车或其他商品。

经济学小窗口

机会成本是指当把一定的经济资源用于生产某种产品时放弃的生产另一些产品的最大收益。它是经济学原理中一个重要的概念。在制定国家经济计划时，在进行新投资项目的可行性研究时，在对新产品进行开发时，都存在机会成本问题。它为正确合理的选择提供了逻辑严谨、论据有力的答案。在进行选择时，我们应该力求机会成本小一些，这是经济活动最重要的准则之一。

冲冠一怒为红颜——权衡取舍

清代诗人吴伟业的长诗《圆圆曲》中有这样一句诗:"恸哭六军俱缟素,冲冠一怒为红颜"。说的是明朝末年吴三桂为了自己的爱妾陈圆圆而投靠清朝的故事。

公元1644年,李自成率领的起义军攻破了北京城,刚烈的崇祯皇帝吊死在景山的一棵树上,一死以谢国人。进了北京的李自成虽然非常高兴,但是并没有放松,他知道只有将在山海关驻扎的明朝将领吴三桂所率领的关宁铁骑收服,才能真正放心。于是李自成马上派使者到山海关劝降,并且还给出了非常优厚的条件。他为了拉拢吴三桂,还声称要犒赏吴三桂及其部队,吴三桂被李自成开出的条件打动了,打算投降。

就在吴三桂准备向李自成投降前夕,北京城发生了两件事。一是吴三桂的父亲吴襄被李自成的大将刘宗敏抓起来了,不但遭到了拷打,而且还被没收了全部家产。二是吴三桂的爱妾陈圆圆被刘宗敏强占了。这两件事传到吴三桂那里时,吴三桂正在领兵赶往北京的路上,当他走到永平沙河驿的时候,遇到了从北京逃出的家人。家人告诉他家被闯王给抄了,家产被全部没收了,他说:"没关系,我到北京后就会归还。"家人又告诉他吴襄被拘捕了,他回答说:"没关系,我到北京后父亲就会被释放。"可是当家人告诉他陈圆圆被刘宗敏强占了之后，他马上愤怒了，厉声叫道："大丈夫如果连一个女子都保护不了，还有什么脸见人啊！"于是马上杀掉李自成派来的使者，发誓从此与李自成势不两立。

使者被斩杀的消息很快就传到了北京城，这时李自成面临着两个选择。一是继续向吴三桂招降。但是这就必须让刘宗敏将陈圆圆送还给吴三桂，这样一来就影响到了自己与刘宗敏的关系；二是派大军进攻吴三桂。但是吴三桂的力量并不弱，现在大家都忙着享乐，没有人愿意去征战。于是李自成左右为难，最终还是决定亲自率领大军和吴三桂一战。

当吴三桂听到李自成亲率大军前来讨伐自己的消息时非常震惊。他知道自己的兵力根本无法抵挡李自成的军队，自己很有可能会被杀死。于是吴三桂面临着两个选择，是忍受屈辱投降李自成呢，还是与李自成奋起一搏呢？最终他决定向山海关外的清军借兵抗衡李自成。

此时清朝的实际统治者多尔衮在接到吴三桂借兵的书信后非常高兴，他马上向吴三桂提出了借兵的条件。那就是投降清朝，帮助清朝打江山。事成之后清朝封他为王，双方永不相负。开始时吴三桂有些犹豫，并没有立即答复。但是在遭受李自成军队的猛烈进攻后，吴三桂也顾不得考虑那么多了，于是他亲自来到清军大营，向多尔衮剃发称臣，与他们合兵一处，共同抗击李自成的军队，最终将其打败。

这个故事告诉我们这样一个道理：人的一生中很多时候都面临着权衡取舍，也就是选择。一个企业的经营者也一直都面临着权衡取舍。比如企业是通过提高技术来扩大产量呢，还是通过增加生产要素的投入量来扩大产品的产量呢？再比如，如果你拥有十万元的存款，你是选择用来旅游,还是用来购买家用电器呢?晚上和女朋友一起看电影的时候你是选择看文艺片、恐怖片还是动作片呢?

由此可见,这种权衡取舍的情况在生活中随处可见,和我们的日常生活息息相关,不同的人将会做出不同的选择。有时候我们必须为了一件东西去放弃另外一件东西,而企业的经营者在做决策的时候,也必须为了某些利益而舍弃别的利益。

不管我们做出了怎样的选择,其实所遵循的原则都是一样的:根据自己的实际情况和需求,做出使自己利益最大化的选择。

借四壁余光——搭便车理论

甘茂是战国时秦国的名将。有一段时间甘茂在秦国受到排挤,也得不到秦惠文王的重用。他想让苏秦帮自己游说秦惠文王,可是又怕苏秦不愿意。于是就给苏秦讲了一个借四壁余光的故事。

从前,在长江边上住着一群姑娘,她们白天的时候一起乘船打鱼,晚上就一起聚在一间屋子里做针线活儿,大家共同出灯油。

可是有一个姑娘因为家里贫困,出不起灯油,但她也常和大家混在一起,借着油灯的光亮做针线活儿。这时候其他的姑娘可不干了,他们觉得那位出不起灯油的姑娘占了大家的便宜,这样做很不合理,就商量着要把她给赶走。

那个穷困的姑娘了解大家的想法,没等大家开口就提出要离开她们。这个姑娘在临走时对其他的姑娘说:"我因为家里贫穷实在拿不出灯油,心里也觉得很愧疚,所以每天晚上总是第一个来这里,把屋子打扫干净,把大家的坐席都给铺好,让你们都可以舒舒服服地做针线活儿。你们为什么要吝惜那照在四壁上的余光呢?这点儿余光不用也会被浪费掉。你们让我借点光做针线活,对你们又能有什么损害呢?我觉得我在这里对你们还是有好处的,可你们为什么一定要赶我走呢?"

姑娘们听了她的话就留下了她。

苏秦听了这个故事,了解了甘茂的心思,心想就算留下甘茂对我也不会有什么损害,我要是帮了甘茂,他也会对我感恩图报。

于是苏秦对甘茂说:"我了解您的心思,然而您如果想在秦国立足,就必须先在齐国受到重用,然后我才能帮您去游说秦王。"

后来苏秦果然帮助甘茂在齐国得到了重用,然后又游说秦王,让秦王任命甘茂做了上卿。

故事中那个借了别人光的姑娘,因为并没有对其他的姑娘造成危害,相反还对她们有些好处,所以姑娘们才允许她"借光"。用今天的话来说就是"搭便车"。搭便车是指在不影响别人利益的情况下享受他人的利益。

在经济生活中,这种搭便车的现象可以说是随处可见的。比如,一些弱势产品在一些强势品牌进行大肆宣传的时候大力铺货,这就是在搭强势品牌的"广告便车",最大限度减少自己的产品进入市场的成本。

可是搭便车也是有条件的,在搭便车之前必须自己主动去找便车,不能傻傻地等着车出现在自己的面前。

由于搭便车现象的存在,所以很多人只想搭便车而不想开车,在这个时候国家就应该强制向大家收税,把收到的税用来"开车"。

曾国藩保举身边人——让别人也尝到甜头

赵烈文是曾国藩最器重的幕僚，曾国藩的成功离不开赵烈文对他的一番劝谏。起初，曾国藩带领湘军镇压太平天国起义，他知道凭自己一个人的力量是不能打败起义军的，于是他就广招贤才进入自己的幕府，为自己出谋划策。赵烈文虽然只是个书生，但是却精通军事、经济、天文、地理、医学、阴阳、周易等学问。年轻的时候就有才名，因此有人把他推荐给了曾国藩。

可是有本事的人通常都比较骄傲，赵烈文也不例外。当曾国藩看到一脸傲气的赵烈文时，心里有些不高兴，就想先杀杀这个年轻人的锐气。于是他就带着赵烈文到了手下一个最能打恶仗部队的军营去阅兵，没想到赵烈文说这个军营的士气已经衰落，发挥不了什么大作用。

曾大帅对他的话很不以为然，觉得是一个书生的狂言罢了。赵烈文知道曾国藩瞧不起自己，因此就离开他回老家了。

谁知在一个月后的一次战役里，他所说的那个军营的部队真的打了败仗。曾国藩很是震惊，马上三顾茅庐把赵烈文又请了回来。

赵烈文回来后马上给曾国藩写了一封信，对他进行劝谏。他在信中说：曾大帅，天下人都知道您礼贤下士，可是现在您的幕府中的幕僚却一个个相继离开，您一定会感到很迷惑。那么您有没有想过他们之所以离开，是因为您辜负了他们，还是他们辜负了您呢？

您在出兵的檄文中说要用儒家的信仰去挽救中国的传统文化，您的这种目标的确非常崇高，这也是一大批读书人来投奔您的根本原因。但是您却要求所有来投奔您的人都像您一样不贪名、不求利，做个高尚的君子，我以为这样做太自私了，一点也不现实。

为什么这么说呢？现在天下大乱，很多有识之士聚集到您的身边，固然想要跟着您成就一番事业。但是毕竟还有更为现实的需求，大家都有追求富贵和荣誉的心理，这一点虽然是私心，但也是人之常情。试问谁没有父母妻儿需要养活，谁不是要先能生存然后才去谈精神？因为您是大帅，所以不需要名利，但是手下的这帮人却需要啊，大家都要养家糊口啊。但是您却不准许大家这样做，因此大家跟着您根本就没有出人头地的希望，所以才会离开您。

您曾经带兵攻下了武汉，皇帝对您大加赏赐，还任命为湖北巡抚。可是您手下的将士也都是披星戴月、劳苦功高，但您却只是提拔保举了不到三百人，这让很多人都很失望。您看看胡林翼胡大人，他也参与了进攻武汉的战斗，他所打的胜仗比您还小，可是他却足足向朝廷保举了三千人。这样一来大家都觉得在您这里虽然有理想，但是可能没前途，在胡大人那里有理想也有前途，这样的话您想想谁还愿意呆在您这里啊。

因此我要告诉您的是，如果您不能让手下的人也得到实实在在的好处，不能为他们的利益着想，就没有人愿意帮您，那么您自己就什么事也干不成。

曾国藩看了赵烈文的信后恍然大悟，从此之后他一直都积极推荐保举身边的人，包括左宗棠、李鸿章在内的一批人都在他的推荐下受

到了重用，而在他身边为他工作谋划的人也越来越多，曾国藩在这些人的帮助下最终打败了太平天国。

故事很长但是道理很简单，运用在现实的经济生活中就是生产经营者如果想成功地办成一件事，想在激烈的市场竞争中立于不败之地，就必须要为自己手下的员工着想，为自己团队的成员着想，为自己的合作伙伴着想。让他们都能得到利益，让他们觉得跟着你干有希望，和你合作能够得到切切实实的利益，只有这样他们才会死心塌地地跟着你干。一定要记住，只有理想没有利益是万万不能的，这个世界上还没有那么多的"傻瓜"。

问题总是相同的，改变的只是答案

一名经济学家在母校校庆时受到邀请回母校参观，碰巧遇到一位二十年前曾教过他的教授，他就要求教授给他看一看现在大学生的考试题目。

于是教授就把题目拿给他看，结果他发现现在的考试题和二十年前他在学校当学生时的考试题完全一样。

他就问教授为什么会这样？

教授回答说："问题总是相同的，改变的只是答案！"

两只母山羊——妥协是必要的

两只母山羊酒足饭饱之后出去遛弯,走到半路的时候,它们突然任性地撒起野来,不想再无聊地在牧场周围遛弯了。它们决定去旅行,于是它们沿着牧场荒凉的道路一直向前走去,慢慢地它们分开了。

其实牧场周围原本并没有路,全都是岩石和悬崖。它们就随心所欲地在岩石和悬崖上攀登、跳跃,它们骄傲地露出代表着自己贵族血统的白蹄子,四处寻找着属于自己的好运气,它们就那样漫无目的地走着。

很快,在一座桥上它们又相遇了,这座桥只能容许一只山羊通过,桥下面是湍急的流水。这两只山羊看到下面的河水不禁开始发抖,但是为了保全自己的面子,它们还是故作镇定。它们互相看着,谁也不愿意让步,最后竟然顶起角来。因为它们谁也不肯让步,因此在冲撞中双双掉进河里被冲走了。

两只山羊的故事被经济学家演变为斗鸡博弈,也被称为懦夫博弈。即两只实力相当的鸡在狭路相逢的时候只有两个选择,要不后退,要不进攻。后退意味着失败,进攻却并不意味着胜利,有时候进攻意味着两败俱伤。如果一只鸡愿意退下来,那么另一只鸡就能取得胜利。

可是如果两只鸡都选择进攻，不愿意放弃，那就只能是两败俱伤。

比如，我们在做生意的时候经常要和人进行谈判，谈判就是要为自己争取到优势，力争得到更大的利益。但是如果双方都不愿意让步，不愿意吃一点亏，那么谈判就只能破裂，谁也别想获得一点利益。因此，我们在和别人谈判时应该懂得适当地妥协，如果你已经占据了优势，就不妨后退一点，让对方也能获得一些利润，只有双方都能获利，谈判才能成功。

昭君出塞——怎样处置稀缺资源

王昭君名叫王嫱，据说是湖北秭归人。她是西汉元帝时汉宫中的一名宫女，因为匈奴呼韩邪单于向汉元帝请求和亲，所以汉元帝就派昭君出塞和亲，从此中国历史上就有了一段可歌可泣的故事。

王昭君作为一名宫女怎么能代表汉王朝出塞和亲呢？原来汉朝建立后因为力量弱小打不过匈奴，所以就只好对匈奴实行"和亲"政策。由于汉王朝的皇帝不忍心将自己的亲生女儿远嫁到匈奴受苦，于是就在皇宫中挑选宫女或是宗室女子充当公主到匈奴和亲，因此派宫女出塞和亲可以说是汉王朝的一项老传统，和亲政策从汉朝建国一直持续到了汉武大帝重击匈奴。

匈奴被重击后分裂成了五支，这五支匈奴分别为五个单于统领。到汉宣帝时有一支匈奴在其单于呼韩邪的带领下南迁到长城外的光禄塞，开始和西汉和好。呼韩邪单于本人曾亲自到长安觐见汉宣帝，和汉宣帝约定西汉和匈奴做好朋友，不再相互攻打。汉元帝即位后呼韩邪单于又来到长安觐见，并请求和亲。汉元帝答应了他的请求，可是他又舍不得自己的亲生女儿远嫁，于是就按照老规矩，下令在皇宫中征召宫女充当公主嫁给匈奴单于。

诏令下达后却没有宫女报名，原来这些宫女虽然长年生活在皇宫这座大监牢里，也很想出宫，可是她们却死也不愿意远嫁到匈奴那样的蛮荒之地，远离父母和家乡。这时昭君出现了，昭君表示自己愿意到匈奴和亲，管事的人马上上报了汉元帝。汉元帝听说后就加封昭君为公主，命人挑选良辰吉日，让昭君和呼韩邪单于在长安举办了盛大的婚礼。

过了些日子，昭君要和单于回匈奴了，就去向汉元帝辞行。当汉元帝第一次看到美丽的昭君时他惊呆了。他从来没有见过如此美丽的女子，很想把她留下来。但理智告诉他这是不可能的事，因为这时的昭君已经成为了别人的妻子，于是他只好让昭君走了。

昭君离开后汉元帝非常恼怒，他后悔自己没有发现这样的美女。他越想越不对劲，于是叫人把昭君进宫时的画像拿来，一看才知道画像远没有本人美丽，原来是故意画丑了。汉元帝于是大怒，开始追查这件事情，并很快弄清了事情的原委。

原来由于进宫的宫女人数太多，皇帝没有办法一一接见挑选，所以就先由画师给她们画像，然后皇帝再从画像中挑选自己喜欢的人。这样一来能否被皇帝选中，就要看画师是否把人画得漂亮。因此在画师画像时，宫女们大多会给他们送礼物，央求画师把自己画得漂亮一点。可是昭君本来就很漂亮，而且对画师这种营私舞弊的行为很是厌恶，因此不肯给画师送礼，结果就被故意画丑了，因而皇帝没有选中她。事情弄明白后，汉元帝马上下旨杀掉了贪污受贿的画师毛延寿，用这样的方法缓解了心中的愤怒。

昭君出塞的故事中处处都表现了资源的稀缺性。匈奴单于要娶汉朝公主，是因为公主代表一种高贵的身份，皇帝的女儿总共没几个，因此属于非常稀缺的资源。如果能娶到公主，自己的利益就能得到保证,当然脸上也有面子。为什么汉元帝不愿意把公主嫁给匈奴单于呢?同样也是因为公主很少,而且又是自己亲生的,根本舍不得,怎么能让亲生女儿去受苦。为什么汉元帝在见到昭君后非常恼怒后悔,以致杀了毛延寿呢?很简单,昭君是绝世美女,像她这样的人几百年也没有一个,中国历史上一共只有四个,属于严重稀缺资源,因此汉元帝是因为失去严重稀缺的资源而恼怒。

经济学小窗口

资源的稀缺性是指资源相对于人类的需要来说总是不够的。正是因为稀缺性的存在,才需要经济学去研究怎样最有效地去配置资源,让人类的福利达到最佳程度。

涸泽之蛇——竞争要出奇制胜

范蠡从越国逃走后有一段时间在齐国为田成子（田常）做事。田成子有一次离开齐国逃往燕国，范蠡就拿着出关的度牒跟随着他。到了望邑的时候，范蠡给田成子讲了"涸泽之蛇"的故事。

一个湖泊干枯了，里面的水蛇要搬家，这时有条小蛇对领头的大蛇说："如果你在前面走，我在后边跟着，那么人家看见后就会觉得我们是普通的水蛇，必定会有人搬起石头把我们砸死。如果我们互相衔着，你背着我走，那么人们一定会认为我们是神蛇，而不敢下手。"大蛇觉得他说得有道理，就背着他大摇大摆地从大路上爬过，果然人们看见他们后都纷纷让开，大家都说："这是神蛇啊！"

讲完故事后范蠡对田成子说："现在您美而我丑，您地位高而我地位低，如果把您当做是我的客人，人们就会认为我是小国的君主；如果把您当做我的使者，人们就会认为我是大国的卿相；如果您做了我的侍从，人们就会认为我是大国的君主，这样一来我们就能受到很好的款待。"田成子觉得他说得很有道理，就自己拿着度牒站在范蠡的背后，到了旅店后旅店的老板果然认为范蠡是大国的君主，于是很殷勤地招待他们，他们就这样一路好吃好喝地到了燕国。

经济学
是本故事书

　　这个故事告诉我们，有时候只有出奇招才能顺利地达到自己的目的或是战胜对手。因为大家都熟悉的策略无法帮你实现目标，只有用一些别人想不到的招数才能另辟蹊径，从而达到自己的目标，战胜竞争对手。

　　对于企业的经营者来说，竞争是市场经济的最基本的属性。如果想要在竞争中获得最终的胜利，那就只有出奇制胜。因为在当今社会，商品经济非常发达，商品丰富，货源充足，对于经营者来说必须在产品的品种、服务、价格等多方面展开激烈的竞争，必须尽可能地在这些方面去吸引消费者。这就需要他们充分运用自己的智慧，多想一些奇招、妙招，这样才能战胜自己的竞争对手。

经济学小窗口

　　经济学上的竞争是指经济主体在市场上为了实现自身的经济利益和既定目标而不断进行的角逐过程。

三顾茅庐——没点资本怎么行？

东汉末年，汉室宗亲刘备带着关羽和张飞在荆州依附刘表，积极发展自己的力量。在荆州时刘备觉得自己之所以奋斗了那么多年都一无所成，主要是因为自己没有一个好的参谋，没有一个行之有效的战略路线。于是他就积极地寻访贤才，希望能够找到一个可以帮助自己创立大业的好参谋。他的努力没有白费，很快他手下的谋士徐庶就向他推荐了诸葛亮。徐庶说诸葛亮有经天纬地之才，如果能得到诸葛亮的帮助，就一定能建立不朽的功业。

刘备表示自己愿意马上亲自到隆中去请诸葛亮，可是诸葛亮却不是那么好请的。第一次、第二次都没有见到诸葛亮，但却见到司马徽（诸葛亮的老师）、黄承彦（诸葛亮的岳父）、诸葛均（诸葛亮的弟弟）、石广平（诸葛亮的朋友）、孟公威（诸葛亮的朋友），这些人一个比一个厉害。而且司马徽也向刘备推荐了诸葛亮，还极力地称赞他。刘备心想诸葛亮身边的人都这么厉害，诸葛亮肯定也很厉害。于是，稍事准备后第三次带着关羽和张飞到隆中去请诸葛亮，这次他终于见到了诸葛亮。

四十六岁已经名满天下的刘备，在二十六岁几乎没有什么名气的诸葛亮面前表现得非常恭敬，他诚心诚意请诸葛亮出山帮助自己。其实诸葛亮早就想投靠刘备,现在看到眼前的这位大英雄表现得这样谦恭,也是非常感动。于是诸葛亮提出了占据荆州攻取益州,联合孙权抵抗曹操的基本战略方针,为刘备指出了一条行之有效的行动路线。刘备一听豁然开朗,觉得诸葛亮果然有真才实学,于是就更加恳切地请求诸葛亮出山帮助自己。诸葛亮看刘备这样诚恳,就同意出山为刘备效力。后人把刘备三次请诸葛亮的故事称为"三顾茅庐"。

刘备三顾茅庐时已经四十六岁,而且是名满天下的大英雄,连不可一世的曹操都把他当做自己的唯一对手。而诸葛亮这时只是一个二十六岁的年轻小伙子,并还没有表现出特殊的能力。在这样的情况下,刘备为什么还会把诸葛亮奉若上宾,请求他做自己的参谋总长呢?答案就是资本的原因。

诸葛亮是个有资本的人。首先他很有才,从他的朋友、亲戚还有徐庶、司马徽对他的推荐中就可以看出他是个很有才能,可以安邦定国的人。可是刘备也不可能听别人称赞诸葛亮两句就让他做自己的参谋总长。其实刘备是在听到诸葛亮提出一整套战略规划后,才心悦诚服地请求诸葛亮出山帮自己的。其次,诸葛亮拥有巨大的人力资本。他和荆州当地的上流社会有着千丝万缕的联系,在荆州拥有强大的人力资源,正因为诸葛亮拥有如此强大的资本,刘备才会不厌其烦地跑到隆中请他出山。

在市场经济中,资本同样是非常重要的。一个人如果没有真才实学、没有强大的人际关系、没有雄厚的资金,要想成功比登天还难。如果一个企业没有雄厚的货币资本,那么就没有办法去扩大生产规模,没有办法获得更多的经济利益。因此不管是个人还是企业要想获得成功,就必须拥有足够的资本。事实证明,刘备得到诸葛亮这个强大的

人力资本后，先是在赤壁之战中打败了曹操，后来又成功占据荆州、益州、汉中，终于三分天下有其一，这笔买卖真的很值。

经济学小窗口

广义上的资本指的是人类创造物质和精神财富的各种社会经济资源的总称。从经济学意义上来说，资本指的是用于生产的基本生产要素，也就是资金、厂房、设备、材料等物质资源，当然也包括人力资本。

第二章

经营有道的经济学

官渡之战——高风险、高收益

官渡之战是我国历史上著名的以少胜多的战役，它发生在东汉末年的两个大军阀袁绍和曹操之间。

当时曹操利用自己"挟天子以令诸侯"的政治优势消灭了一些小军阀，可是这时的他还远远不是老大，要想做真正地老大，就必须消灭实力最强的袁绍兄弟。不消灭袁绍他连北方都统一不了，更别谈统一中国了。可是消灭袁绍不是一件容易的事，当时袁绍占据着幽、并、冀、青四州，可以说黄河以北的土地全部被他掌握，兵多将广，粮草充足。相比之下，曹操的实力远不如袁绍，而且还四面受敌——西面有马超、韩遂，北面有袁绍，南面有刘表、张绣，东南边有孙策，就连暂时依附的刘备也貌合神离。

就是在这样的情况下，曹操还是决心与袁绍一战。因为他知道就算自己不打袁绍，袁绍也会来打自己。他为了在和袁绍对阵时没有后顾之忧，就先带兵击败了自己的潜在对手刘备。他刚刚回师没多久，袁绍就来进攻了。既然躲不过去那就迎战吧，但是袁绍的实力实在太强了，硬碰硬显然不明智。于是曹操就听从大参谋荀攸的建议，给袁绍来了个声东击西，让对方的主力部队进一步分散，这样做方便自己各个击破。结果袁绍真的上当了，于是他的大将颜良就被曹操派去的大将关羽杀死，前线部队也被曹军打败。首战的胜利意义非常重大，极大地鼓舞了曹军的士气。

曹操赢了一仗后并没有忘乎所以，而是马上撤退，于是袁绍就带着大部队追他，中间曹操又胜了两仗，可是这并没有改变敌我力量的根本对比。于是曹操继续撤退，最终将军队全部撤到官渡。就这样双方进入相持阶段，袁绍指挥军队猛攻曹军大营，曹军硬是坚守不出，双方一直相持了三个月。曹操的军队开始变得士气低落，粮食也开始出现短缺，曹操的信心开始动摇了，他觉得自己没有办法战胜袁绍。这时他手下的谋士荀彧劝他再坚持一下，等待事情的转机。结果转机真的出现了。他的手下大将烧毁了袁军的粮车，然后曹操又亲自率领军队进攻袁军在乌巢的粮仓，结果将袁军的粮食全部烧光了。这样一来袁军没粮食吃了，很快就军心大乱，兵败如山倒，曹操最终取得了官渡之战的胜利。

后来又经过一年多的时间，曹操彻底地击败了袁绍的势力，成为北方的霸主。

曹操在实力远不如袁绍的情况下和他开战的风险是非常大的，如果失败了不仅霸主当不上，连自己的身家性命都保不住，因为像曹操这样的人袁绍是绝对不会放过的。虽然风险很大，但是收益同样也很大。如果他打败了袁绍，不但可以成为北方的霸主，还可以对其他军阀起到巨大的威慑作用，甚至收到不战而屈人之兵的效果。事实证明，后来曹操不费一兵一卒占领荆州，就是这种威慑效果的具体体现。

因此曹操所做的是高风险、高收益的事情，也就是有高风险就必然会有高收益。其实不光是打仗，所有的事情都是这样。就拿做生意来说，有的投资者胆子比较大，愿意去投资风险资产，是因为他们期望自己得到的报酬高于投资没有风险的资产。也就是你投资的资产或者说你所做的生意,风险越高收益也就越大,风险和收益的关系是成正比的,如果完全没有风险,那也就没有收益了。

古代社会那么多人玩了命想造反当皇帝,风险确实大得很,但是这背后的利益也是无比巨大的。可以让自己和子孙后代都享受着至高无上的地位和锦衣玉食的生活,弄好了还能混一个好名声,受到后世的崇拜。现在的很多人都痴迷于股票和期货,其实就是看中了背后的高收益,因为一旦成功了就能获得巨额财富。

当然也有很多人不喜欢冒着风险去获得收益,但是这样做并不代表就没有风险,因为在我们的生活中风险是无处不在的,你不去搭理它,它也有可能会招惹你。再说一味地消极规避风险只会让自己停步不前。因此我们主张的是适当地去冒险,但是千万不要蛮干。在面对风险时我们不要担心害怕,应该勇于前进,同时还要尽力减少各种不确定性,让自己成功的希望变得更大。

回味无穷

从前有一个聪明的小孩,他和妈妈一起到一个叔叔家去做客。叔叔由衷喜欢这个可爱漂亮的孩子,就对他说:"你抓一把糖回家吧。"小孩子害羞地低下了头,并没有应声。

到了他们将要离开的时候,叔叔看到这个孩子还没有拿糖,还以为他怕妈妈责备自己,就对他说:"你抓一把糖回家吧,你妈妈是不会责备你的。"可是孩子还是低着头不说话。

于是叔叔就亲自抓了一把糖塞给他,他就很高兴地回家了。到家

之后，妈妈就问他为什么不肯自己拿糖，但是当叔叔抓糖给他的时候却收下了呢？

孩子回答说："因为叔叔的手比我的手大。"

这个孩子长大后成为了 IBM 的总裁。

奇货可居——利润最大化

秦始皇的父亲异人因为是秦昭襄王的庶孙,又得不到父亲安国君(秦孝文王)的宠爱,所以年轻时就被派到赵国做人质,这简直就是让他去送死,因为当时赵国和秦国时常打仗。由于他在秦国的地位不高,所以赵国人对他也很不好,他在邯郸生活得很潦倒。

卫国的大商人吕不韦在邯郸做生意,在一次很偶然的情况下见到了异人。当他得知异人的身世后就说:"这是一件可以囤积起来卖个好价钱的奇货啊!(奇货可居)"于是他决定进行人生中最大的一笔投资,他先通过别人见到了异人,刚见面他就对异人说:"我可以帮助您改变现在的境遇,抬高您的门第。"异人并不相信他有这样的能力,于是笑着说:"您还是先抬高自己的门第吧。"吕不韦说:"您不知道我的门第需要靠您的门第才能提高吗?"

异人觉得他的话大有深意,于是就邀请他到屋里坐下来详谈。吕不韦对异人说:"您的祖父年纪已经很大了,他去世后您的父亲安国君就会继承王位。但是他现在并没有直接的继承人,他虽然宠爱华阳夫人,但是华阳夫人却没有儿子。如果您的父亲不幸去世,那么凭您现在的地位是很难和别的王子一起争夺王位的。"

异人觉得吕不韦说得都是废话,但还是客气地问:"您说的这些我都知道,我该怎么办呢?"吕不韦回答说:"现在看来安国君立继承人的关键就是华阳夫人。我虽然不富裕,但是也可以拿出几千金为您到秦国去游说,让华阳夫人劝说安国君立您为继承人。"异人听了激动地说:"如果您的谋划能够实现,我愿意与您平分秦国。"

后来吕不韦先拿出一部分黄金,让异人置办礼品结交诸侯,渐渐地异人在诸侯国间有了很好的声誉。然后吕不韦又亲自带着几千斤黄金到秦国去游说华阳夫人,让她劝安国君立异人为继承人,结果他取得了成功,异人被立为继承人,这就是后来的秦庄襄王。

异人当上秦王后加封吕不韦为文信侯、丞相,还把河南洛阳的十万户人家封给他做食邑,至此吕不韦由一个商人变成了一国的宰相,实现了自身利益最大化。

吕不韦真是个聪明的商人,他发现异人这个"奇货"后,只是花了几千斤黄金和几番游说,就将异人由一个落魄公子变成了高高在上的秦王,当然他自己也由一个商人变成了执掌秦国国政的宰相。对于一个商人来说,他通过巧妙的投资实现了利益的最大化,这是值得借鉴和学习的。

在现实生活中,很多生产者和经营者都想实现利益最大化,那么怎样才能实现这个目的呢?我们先来看看利益最大化的具体含义,其中的奥妙就需要大家自己去领会了,在这本常识性读物里,我们不再进一步展开。

经济学小窗口

厂商从事生产或出售商品的目的不仅是为了获得利益,而且是要获得最大的利润。只有当边际收益等于边际成本时,才能实现利润最大化。

淳于髡出使——舍得投资才会有回报

淳于髡是战国时齐国著名的政治家和外交家，善于辞令。齐威王当政时，楚国和齐国闹矛盾，楚国就派大军进攻齐国。齐威王觉得齐国的军队有可能顶不住楚军，就派淳于髡到赵国搬救兵，并且准备了黄金百斤，驷马车十辆作为礼物。

淳于髡看到这些礼物，觉得齐王实在是太不会办事了，求人办事只拿这么一点东西，怎么能行呢？可是他又不便明说，于是就仰天大笑。齐威王看他笑得这么灿烂觉得很奇怪，于是就问他："爱卿为什么笑得这么开心，说出来也让寡人开心一下。"

淳于髡说："微臣只是想到了一件事情，觉得实在好笑，因此才忍不住笑出来。"

齐威王说："那爱卿就讲出来，大家一起高兴。"

于是淳于髡说："臣从东边来的时候看见一个人提着一只猪蹄，端着一杯酒，在路旁向神灵祈祷今年的丰收。他希望神灵保佑让他的山坡地能够收到满笼的粮食，平坦的土地能够收到满车的粮食。臣只是笑他向神奉献的东西那么少，就奢望得到那么多的东西。"

齐威王是个聪明人，听了他的话马上就明白是什么意思了，于是就把礼物增加到黄金千镒、白璧十对、驷马车百辆。

淳于髡觉得这样的礼物才像回事，于是马上出使赵国。结果赵王派出十万精兵和一千辆包着皮革的战车援助齐国，楚国听到这个消息后马上连夜退兵了。

齐威王想从赵国搬救兵，却还想尽量让自己付出的成本最小化，符合成本最小化的原则。但是他却不知道成本最小化也要控制在一个合理的范围内，如果你付出的成本根本不合理，那就根本得不到任何收益。因此，这个故事告诉我们，人们在进行生产经营活动时如果想要达到一定的目的，就必须付出一定的成本。虽然我们应该尽量把成本控制到最小，但是如果突破了合理的范围，那就会什么都得不到。成本最小化绝对不是要尽量减少成本，想要办成事就必须付出相应的成本。

长平之战——生产要素的最优组合

长平之战是战国末期最惨烈的一次大战,发生在当时军事实力最强的秦国和赵国之间。战争的结果是秦国打败赵国,坑杀赵军四十万人,秦国自己也损伤了十五万人。这次大战致使赵国急剧衰败,再也没有实力同秦国抗衡,秦国统一天下的道路上也再没有任何的障碍。

这场战争的导火线是上党之争。公元前264年秦国派兵进攻韩国的野王,野王被攻下后韩国的上党地区已经变成孤悬之地。这时韩国君臣想把上党献给秦国,可是上党的长官不愿意降秦,就自作主张地把上党献给了赵国。赵国在进行了一番内部讨论后决定吞下这块肥肉,于是上党就变成了赵国的土地。可是这块肥肉实在不容易吃,因为抢的是秦国的。秦国眼看着就要到嘴的肥肉被赵国吃了,很是生气。于是秦昭襄王就派大将王龁率领大军进攻上党,赵国听到消息马上派老将廉颇到上党抵抗秦军。

廉颇自知秦国强赵国弱,一味硬拼是不行的,于是就用坚壁高垒对付秦军,想要等到秦军疲困时再反击。于是他一直坚守了将近三年,不去出击秦军,秦军也没有向前进过一步,秦军和赵军就这样僵持着。

秦国虽然富裕,但也经不起这样的消耗,于是秦国着急了。在秦国着急的同时,赵国也着急了。虽然赵军不出击,但总是要吃饭的,物资也总是要消耗的，因此赵国也想趁早结束这场战斗。于是赵王就多次派人到前线去催促廉颇出击秦军，而廉颇就是顶着不出击，一来二去很多赵国的人认为廉颇是因为怕了秦军才不出击的，于是赵王对他很不满意。

与此同时，秦国看到明着进攻不行就决定来阴的。秦国的丞相范雎派人携带重金到赵国行反间计，宣称秦军只怕马服君（赵奢）的儿子赵括，至于廉颇人家根本就不怕。

愚蠢的赵王听到这个消息后，坚持启用没有任何实际作战经验，只知道纸上谈兵的赵括。让他去上党前线接替廉颇，并且在全国范围内征召了四十万人参军，打算一举打败秦军。

秦昭襄王听到赵国任用赵括和征兵的消息后，马上秘密地起用白起为主帅。并亲自在全国范围内征兵，最终秦军的总兵力达到了五十五万。

赵括到前线后改变了廉颇固守不出的战略方针，立即派兵进攻秦军。秦军稍稍抵抗了一下就假装败走了，赵括不知是计，带领赵军紧追，结果陷入了白起设置的包围圈中。秦军把赵军包围后马上断绝其粮道，赵军无奈只好在包围圈中修筑工事进行坚守，被动地等待赵国的援军。秦昭襄王听到这个消息后亲自来到河内郡，赐给百姓一级爵位，把十五岁以上的男子全都组成军队派到前线，坚决地阻止赵国的援军。结果被围困的四十万赵军在坚持了四十六天后终于弹尽粮绝，主帅赵括在战争中死去，全部赵军向秦军投降。白起坑杀了四十万赵军，只留下了二百四十个年幼小儿放归赵国，至此长平之战结束。

长平之战秦国之所以能胜利，可以说是各种生产要素进行最优组合的结果。首先，秦国的经济实力和军事实力都比赵国强。其次，在战争初期赵军稍稍失利就马上找秦国议和，秦国就巧妙地利用这次机会厚待赵国使者，给各诸侯国造成了秦国和赵国真的要议和的印象，因此没有人再帮赵国，这样一来赵国就处于孤立状态，这是其外交方面的失败。第三，赵国本来用廉颇用得好好的，听到一点风言风语就临阵换帅，把白痴一样的赵括换上去，这也犯了兵家大忌。而秦国的主帅却是百战百胜的白起，这样一来在军事指挥方面赵国又输给了秦国。这些因素综合在一起导致了赵国的失败，秦国的胜利。

长平之战的故事告诉我们，如果想把一件事做成功，就必须让自己所掌握的各种生产要素实现最优组合。市场经济中的生产经营尤其如此，做生意的人要想在生产经营活动中获得最大的利润，要想战胜自己的竞争对手，就必须让生产要素实现最优组合。比如，有的企业老板觉得多增加几台机器就可以获得较大的产量，其实并不是这样。因为如果劳动者的素质上不去，企业的生产效率就不会有很大的提高。这个时候的生产要素还没有办法实现最优组合，只能是浪费资源。因此要想提高生产效率，就必须注意技术和劳动者的最佳配合，只有他们达到了最优组合，才能为企业创造出更多的价值。

经济学小窗口

生产要素最优组合是指在生产技术和要素不变的情况下，生产者在成本既定时实现产量最大或是在产量既定时实现成本最小目标时所使用的各种生产要素的数量组合。

第三章

管理有方的经济学

滥竽充数——好的制度没有空子可钻

战国时齐国的国君齐宣王非常喜欢听人们吹竽，他手下有三百个善于吹竽的乐师。齐宣王是个好大喜功的人，他喜欢热闹，喜欢摆排场，他觉得这样做可以让百姓们见识到君主的威严。因此，他每次听乐师演奏竽的时候总爱让三百人一起演奏，觉得这样的场面才配得上他的地位。

齐国有个南郭先生，他听说齐宣王有这样一个癖好后觉得有机可乘，就到齐国的王宫去求见齐宣王。他对齐宣王说自己是有名的乐师，尤其擅长吹竽，自己的演奏能够感动天上的鸟儿和水里的鱼儿，还能让花草也跟着自己的节拍起舞。齐宣王听了他的话非常高兴，也没有考察他的技艺，就把他编入了乐师的队伍中。

从此以后，南郭先生就和那三百个乐师一起合奏竽给齐宣王听，和大家一起享受着优厚的待遇。他心里得意极了。他为什么会这样得意呢？原来他欺骗了齐宣王，他根本就不会吹竽。每当给齐宣王演奏的时候，他就混在乐师的队伍中装模作样地和大家一起演奏。别人摇晃身体的时候他也摇晃身体，别人摇头的时候他也摇头，还装出一副很忘我很投入的样子，从表面上根本就看不出来他不会演奏。就这样他蒙混了一天又一天，一直这样不劳而获地白拿俸禄。

第三章 管理有方的经济学

可是他的好日子还是有到头的一天，齐宣王死后他的儿子齐闵王做了齐王。齐闵王和自己的父亲一样也喜欢听竽的演奏，可是他不喜欢三百人一起吹，他嫌那样太吵，他喜欢听乐师的独奏，认为这样比三百人一起吹的效果好。于是齐闵王就下令让三百名乐师好好练习，然后一个一个单独演奏给他听。乐师们听到这个消息后都刻苦练习，准备为齐闵王演奏。可是没有真才实学的南郭先生着急了，他怕自己的谎言败露，于是每天都很忧虑，最终还是从齐国逃跑了。

南郭先生为什么能在根本不会吹竽的情况下，一直都混在乐师的队伍中白白地领俸禄呢？很简单是制度的原因。因为齐宣王喜欢听大家集体演奏，所以只要装得像一点是不会被人察觉的。可是到了齐闵王的时候制度变了，到了考验真才实学的时候，他就没有办法继续混下去了，所以只好逃跑了。

从此可以看出制度的重要性，在市场经济中一个企业如果没有很好的制度，就没有希望和前途。中国的国企为什么要改革，是因为制度的原因。最明显的例子原来大家一起吃大锅饭，干多干少干好干坏全都一个样，因此企业就没有竞争力。因为大部分人都在混日子，混一天就有一天的工资，混到退休就有退休金，所以根本就没有多少人努力工作。制度改革后就不一样了，多干就多得，少干就少得，干得好就奖励，干不好就惩罚，这样一来大家的工作积极性才会提高。因此，一个国家一个企业要想发展，就必须高度重视制度建设，没有一个强有力的制度做保障，国家和企业就不会有很好的发展。

经济学小窗口

制度是一个非常宽泛的概念，通常是指在特定的社会范围内统一的、调节人与人社会关系的一系列习惯、道德、法律、戒律、规章等的总和，它由社会认可的非正式约束和国家规定的正式约束以及实施机制三个部分构成。

第三章
管理有方的经济学

债台高筑——预算约束

周赧王是周朝的最后一位君主，虽然名义上是天下的共主，其实他活得很窝囊，曾经为了躲债而藏在一个高台上，这就是后世所说的债台高筑的故事。

原来周朝到周赧王这一代时影响力已经完全不行了，他的命令只能在都城洛阳一带实行，虽然名义上是天下的共主，实际上没有人把他当共主，只是在有事用得着他的时候才搭理他一下。

信陵君在邯郸打败秦军后，楚国的春申君就给楚考烈王出主意说："秦国被信陵君打败，实力遭到削弱，我们可以趁着这个机会组织各国的军队一起进攻它，趁机把秦国灭了，这样一来您就能做霸主了。"楚考烈王觉得这个主意不错就问："但是由我出面号召，怕影响力不够啊。"春申君说："我们可以请周天子出面号召，让周天子也出兵伐秦，这样一来就名正言顺了。"楚考烈王觉得可行，但是他又怕周赧王的实力不行。春申君说："就算他只出十个人，那也算是天子之军啊，这样一来诸侯国必然会响应号召。"听春申君这么说，楚考烈王就没有再多说什么。

于是楚考烈王马上派出使者到洛邑，把自己的想法告诉了周赧王，周赧王正担心秦国会灭自己，听到这个建议就觉得非常不错，马上同意了这个建议。可是到了出兵的时候，他发现自己根本就没有能力派出一支像样的军队，因为打仗是需要钱的，可是他没有那么多钱。无奈之下他就向洛邑城中的富商们借贷，承诺他们在打败秦国后将战利品分给他们，而且借他们的钱将加倍奉还。这些富商们觉得有利可图，就把钱借给了周赧王。

可是没想到当他派出的六千人到达指定地点后，却发现别的国家的军队根本就没到。原来齐国、燕国以及韩赵魏三国觉得打败秦国的希望不大，因此只是口头答应，并没有派出军队，楚国看到这个情况后也就没有派军队，这样一来周赧王的六千军队就只好退回去了。仗没打成，自然也就不会有钱还给那些富商了。那些富商听到消息都纷纷到王宫中找周赧王要债，周赧王没钱还，只好盖了一座高台，躲在上边不敢出来。

从上面的故事我们可以看出，楚考烈王想要攻打秦国，但是因为自身实力的约束，所以就想请周赧王出面号召诸侯。而周赧王也想打秦国，可是却被自己的实力约束着，不得不向贵族富商借钱装备军队。因为钱是借的，预算里根本就没有这笔钱，因此在进攻秦国的想法破产后，他只能到高台上去躲债。

周赧王的故事其实涉及一个经济学中预算约束的概念。从个人消费的角度来说，我们每个人都受到个人收入的约束，我们的收入只能让我们买到有限的商品。从企业的角度来说，一个企业想要扩大生产、投入生产要素，也受到自身实力的严格限制，不能想做什么就做什么。因为在经济生活中，从事生产经营的人一方面应该努力地增加自己的收入，另一方面也要量力而行，严格地遵循自己的预算，不要过度地透支。

经济学小窗口

企业的预算约束是指一个企业的支出要受到其货币存量和利益收入的严格限制。

消费者的预算约束是指消费者的选择不仅取决于消费者的偏好,还要受到自身支付能力和商品价格的限制。在商品的既定价格不变的情况下,消费者对各种商品和服务的支付能力的限制表现为一种预算约束。

人尽其才——合理分工

汉武帝是一个拥有雄才大略的皇帝，他最受后人称道的就是敢于不拘一格起用人才，让各种人才都能做到人尽其用，让他们为国家的富强做出了巨大的贡献，在这些人才的帮助下他才能一手缔造汉朝的盛世。

他刚刚做皇帝时，由于汉朝执行的是黄老无为的治国思想，因此他首先公开向天下选拔人才，将本是布衣之身的董仲舒、公孙弘、东方朔、桑弘羊等人提拔上来。

他先是任用董仲舒在思想意识领域发动变革，大力推行董仲舒的罢黜百家、独尊儒术的思想，在全国范围内确立了儒家的统治地位，这就在思想领域完成了中央集权。

在财政方面，汉武帝任用只有十三岁的桑弘羊。桑弘羊这个人精于心算，善于理财，他管理汉王朝中央财政四十多年，为汉武帝聚敛了无数钱财。有力地支援了汉武帝打击匈奴、开通西域、开发西南的战略行动，为汉武帝的大一统事业做出了巨大的贡献。

在军事方面，汉武帝大胆起用具有卓越军事才能的卫青和霍去病，而卫青和霍去病的出身其实是很贫贱的。卫青是平阳公主家的一个骑奴。霍去病的母亲是平阳公主家的女奴，父亲是平阳县的小吏。他父亲和母亲私通生下了他，出生后父亲不愿意承认他，因此可以说他是一个私生子。就是这样的两个人，却具有非凡的军事才能。汉武帝并没有因为他们的出身不好而看不起他们，而是大胆地任用他们攻击匈奴，结果匈奴在他们俩的打击下急剧衰落，再也没有办法对汉王朝构成威胁，汉朝边境的百姓也因此得以过上了安宁的生活。

在外交方面，汉武帝任用张骞出使西域。张骞为了完成对汉武帝的承诺，在外十三年，终于成功到达西域。了解了西域各国的基本情况，开辟了丝绸之路，后来又再次出使西域，有力地促进了西域与汉王朝的文化和经济交流。

在内政方面，汉武帝任用主父偃、严助等人。积极打击不法的诸侯国，采纳主父偃的计策颁布推恩令，进一步削弱诸侯国的实力，有力地保证了国内的稳定。

除此之外，汉武帝还任用精通法律的张汤，精通文学的司马相如，敢于进谏的汲黯和东方朔，让他们能够在各自熟悉的领域做出不平凡的成绩。

诚然每个人都有自己所擅长的东西，汉武帝因为了解这一点，才能很好地发挥人才的长处，把他们放在合适的位置上，这样他们才能做出成绩。这样看来，每个人都有适合自己的岗位和工作，大到一个国家小到一个企业，只有每个人都能发挥自己的长处，才能够得到快速的发展。

那么，在市场经济中怎样才能让人们都能找到适合自己的岗位呢？答案是分工。由于社会分工的存在，人们就能在市场的不断调节中找到适合自己的位置，这样就能做到人尽其用。这样一来社会才会进步，国家的经济才会发展。如果把分工的概念引入企业管理中，那么就要求企业的经营者能够掌握部下的优点和缺点，然后再把他们放到适合自己的位置上，让他们能够尽情地发挥自己的优点和长处，这样企业才能不断地向前发展，从而获得更多的经济利益。

经济学小窗口

合理分工是以提高管理的专业化程度和工作效率为目标，把组织的任务、目标分解成各个层级、各个部门以及每个人的任务和目标，明确各个层级、各个部门和每个人应该做的工作以及完成工作的手段、方式和方法，以充分发挥个体和团队的知识和技能，保证组织目标的完成。

鸡鸣狗盗——成本与收益分析

孟尝君是战国时齐国的贵族，曾经担任过齐国的丞相。他非常喜欢招纳各种门客，只要是有一技之长的人他都会提供食宿，因此很多人都来投奔他，他有三千门客，誉满诸侯。

有一次他率领门客到秦国访问，秦昭襄王很欣赏他就把他留了下来，想让他做丞相。他不敢违背秦昭襄王的命令，只好留在了秦国。可是没过多久就有秦国大臣对秦昭襄王说，孟尝君是齐国人，不会真心真意为秦国服务，应该找个机会把他杀掉，这样就可以为秦国减少一个大敌。秦昭襄王听从了这个建议，于是将孟尝君一行人软禁起来，打算找个借口将他们杀掉。

孟尝君得知消息后非常着急，于是把门客们召集起来，大家一起商量对策。有个门客出主意说："我们可以去求秦王的宠妃，秦王很听她的话，只要她能开口为咱们求情，咱们就一定能回到齐国。"于是孟尝君马上派人联络秦王的宠妃，结果宠妃说帮忙可以，但条件是拿齐国天下无双的狐白裘做报酬。孟尝君很苦恼，因为这件狐白裘已经被他献给了秦王，现在怎么可能再得到呢？就在他一筹莫展的时候，有个门客说自己可以到秦宫中把狐白裘盗出来，孟尝君听了高兴极了。

原来这个门客擅长扮作狗，钻狗洞偷东西。他到秦宫之前就了解到秦王将狐白裘放在王宫中的储藏室里，于是他轻易地由狗洞钻入，将狐白裘盗出来献给了秦王的宠妃。秦王的宠妃得到狐白裘后，马上兑现了自己的诺言，在秦王面前为孟尝君求情，结果秦王恢复了孟尝君的自由，并且还要在两天后为他举行盛大的欢送宴会。

可是孟尝君怕秦王后悔再来杀自己，于是马上带领手下的门客不辞而别。他们一行人赶到函谷关时正是半夜，因为鸡还没叫，所以守城的秦兵不愿意开门。孟尝君急得像热锅上的蚂蚁，他知道秦王如果发现自己逃跑，就一定会派人追来，一旦追上，自己和门客们就肯定活不了。想到这里，他焦急地问手下的门客，谁有办法打开城门。这时一个门客站出来说他会学鸡叫，于是他马上开始学鸡叫，函谷关上的鸡听到他的叫声后也都开始叫，守城的秦兵听到鸡叫后就开了城门，孟尝君一行人就这样逃出了函谷关。

天亮后秦王接到报告说孟尝君逃跑了，于是马上派人追，到函谷关时发现孟尝君早已经逃出去了，只好放弃。

后世批评孟尝君招纳的都是鸡鸣狗盗之徒，这种批评可能有些道理。但是不可否认的是，孟尝君在生命受到威胁的万分紧急情况下，正是这些鸡鸣狗盗之人帮助他战胜了困难，走出了危机，救了他的性命。从这个角度来说，孟尝君真是赚大了，他只付出了供养那两个门客所需要的衣食和金钱，就成功地从秦国逃出保住了性命。我们都知道，那些衣食和钱对孟尝君来说并不太重要，因为他身为贵族拥有大量的财富。可是生命对他来说却是最重要的，如果没有了生命，那么就是有再多的金钱和衣食，对他来说也没有意义了。

从这个角度来说，孟尝君只付出了一点点成本，就获得了对他来说最重要的收益,实在是大赚了一笔。从成本效益分析的角度来看,孟尝君所豢养的这两个门客为他带来了最大的效益,这说明孟尝君豢养门客的这个做法还是很可行的。作为企业的经营者,一定要重视成本效益分析。在进行某项决策之前,先要认真分析一下自己所付出的成本能不能给自己带来较大的收益。如果自己所获得的收益小于投入的成本,那就说明这是赔本买卖,这样的生意就不能做;如果所获得的收益大于自己所投入的成本,那就应该去做。

经济学小窗口

成本效益分析是通过比较一个项目的全部成本和效益来评估项目价值的一种方法。成本效益分析作为一种经济决策方法,将成本费用分析法运用于政府部门和现代企业的决策之中,以寻求在投资决策上以最小的成本去获得最大的收益。

成本效益分析法的基本原理是:针对某一项支出目标,提出若干个实现该目标的方案。运用一定的技术方法,计算出每种方案的具体成本和收益。通过比较方法,根据一定的原则,选择出最优的决策方案。

燕昭王招贤——合理运用激励制度

燕昭王是战国时燕国的国君，是一名拥有雄才大略的君主。他父亲在位时把王位禅让给了国相，于是太子起兵进攻国相，燕国爆发了内乱。齐宣王趁此机会发兵进攻燕国，杀死了燕国的君主、太子和国相想要灭亡燕国。不料燕国的百姓群起反抗，各个诸侯国也都干涉这件事，于是齐宣王被迫撤退。韩国趁此机会，把原来在韩国做人质的燕国公子职，送回燕国继承了王位。燕昭王即位后发誓要向齐国报仇，他礼贤下士，用丰厚的财物和恭敬的礼节来招纳贤才。为此他专门向郭槐先生请教怎样才能成功地报仇，郭槐给他讲了一个"千金买马骨"的故事。

古代有一位国君想要用千金购买千里马，可是三年都没有买到。身边有个近侍就自告奋勇地说自己愿意去寻找千里马，这位君主同意了他的要求。三个月后这个近侍找到了千里马，可是千里马已经死了，但他还是花了五百金把马骨买了回来。国君听说他用五百金买了一堆马骨回来，就大声地训斥他，因为实在想不出自己要这些马骨有什么用。可是那个近侍却对国君说："您为了一堆马骨尚且愿意花费五百金，那么又何况是千里马呢？天下人如果知道了这个消息，就一定会觉得您是真正的爱马之人，这样一来还怕没有千里马吗？"国君觉得他说得也有道理，就不再责怪他。果然不出一年的时间，从四面八方送来了好几匹千里马。

讲完这个故事后，郭槐告诉燕昭王先从尊敬自己开始，这样一来各国的贤才看到郭槐这样的人都能受到礼遇，那么那些比郭槐强的人就都会到燕国来。

燕昭王觉得他说得很有道理，马上为郭槐建造了房屋，并且拜他为师，给予他非常优厚的待遇。这个消息传到各诸侯国后，马上引起了很大的轰动，于是各国的贤才争先恐后赶往燕国，其中最著名的人才就是乐毅、苏秦、剧辛、邹衍等人。燕昭王就在这些贤才的辅佐下积极发展自身的力量，最终派乐毅率领军队攻破齐国七十余城，报了大仇。

乐毅、苏秦、剧辛、邹衍等人为什么会不远千里到燕国投靠燕昭王？很简单，他们受到了强大的激励。他们看到燕昭王对不如自己的郭槐都能像老师一样尊敬，还有那么优厚的待遇，因此他们觉得自己到燕国后所受到的尊敬和待遇最起码不会比郭槐差。况且燕昭王礼贤下士，自己在燕国肯定能做出一番功业，因此他们都抱着这样的心理来到了燕国。由此可见激励的重要性。

同样，在企业的经营管理中也应该合理运用激励，让属下的员工都能始终充满工作的激情，把自身的利益和企业的利益牢牢地结合在一起，认识到企业好了自己才会好。这样一来员工们才会实心实意地为企业工作，也只有这样企业才能不断地向前发展，才能获得更大的利益。

经济学小窗口

　　激励制度也被称为激励机制,是通过一套理性化的制度来反映激励主体与激励客体相互作用的方式。主要包括精神激励、薪酬激励、荣誉激励、工作激励。

火烧庆功楼——委托代理

民间传说明太祖朱元璋建立明朝后,日夜担心跟随自己打天下的那帮功臣们造反夺权,更怕自己死后继位的皇帝压不住这些功臣,于是就想把功臣们一网打尽,很快他就想到了一条毒计。

他派人在南京鼓楼岗上面修建了一座庆功楼,那些和他一起打天下的功臣们听说后都非常感动,觉得皇帝没有忘了他们,大家都称赞皇帝英明。庆功楼修好了之后,朱元璋一方面摆下宴席邀请功臣们来赴宴庆功,一方面秘密地派人在楼下面埋了大量的干柴和火药,准备找个机会一把火烧掉庆功楼,永绝后患。这件事虽然做得很隐秘,但还是被神机妙算的军师刘伯温给看穿了。于是刘伯温马上向朱元璋辞职,表示自己要回家养老,朱元璋再三挽留,但是刘伯温去意已决,无奈朱元璋只好赐给他很多金银珠宝,让他回家养老。

刘伯温离开南京之前专门去见了徐达(明朝的开国元勋),嘱咐他在庆功的时候要紧紧跟住朱元璋,寸步不离。徐达不明白为什么,就想问个明白,可刘伯温告诉他:"照着我说的去做,以后你就知道了。"

到了举行宴会的日子,文武功臣们都来了,大家在一起高兴地喝酒、聊天,相互贺喜,一片喜庆祥和的气氛。可是徐达因为一直想着刘伯温临走前所说的那些话,所以根本没有心思喝酒,周围的一切好像都和他没有关系,他就随意地走着看着。突然,他的脸变得惨白,原来他无意之中用手敲了敲墙壁,发现墙壁不是实心的,他知道墙壁中间肯定藏有东西,就在那一瞬间他明白了刘伯温的话。

这时朱元璋来了,大家赶忙跪下来拜见皇帝。一阵寒暄之后,大家继续在一起庆祝、喝酒,徐达这时更不敢多喝,一直盯着朱元璋的一举一动。就在大家都喝到兴头上的时候,朱元璋突然起身向门边走去,徐达看到之后也马上起身跟着他。朱元璋发觉身后有人,回头一看是徐达就问:"爱卿为何离席啊?"徐达说:"微臣特来保驾。"朱元璋说:"朕就是出去凉快一会儿,不需要爱卿保驾,爱卿还是赶快回去喝酒吧。"徐达这时非常伤心地问:"难道皇上真的一个都不留吗?"朱元璋听徐达这么说,就知道自己的机密已经被他识破,因此并没有回答。徐达看到朱元璋不说话就又说:"如果陛下执意要臣回去,臣绝对不会违抗,只希望以后陛下好好照顾臣的妻儿老母。"说完,转身就要回去。朱元璋看到这种情况,马上说:"爱卿随朕来吧。"

当他们走了几百步之后,只听到一声巨响,庆功楼爆炸了,楼里面的功臣全都葬身于火海之中。

徐达回到家后非常伤心难过,饭也不吃,门也不出,很快就忧郁成疾,背上长了一个疽。朱元璋得到消息后,就派人给他送了一只清蒸的公鹅。徐达一看就知道朱元璋还是想要自己的命,原来长了疽的人只要一吃公鹅就必死无疑。可是他却不敢不吃,于是他流着泪吃了公鹅,没过多久就病死了。

"火烧庆功楼"只是一个民间传说,并不是真实的历史。徐达是病死的，并不是被明太祖害死的。可是历史上明太祖诛杀功臣却是确有其事，他怕自己去世后那些打天下的功臣谋反，就先后利用几件大案子，几乎将功臣们一扫而空，侥幸得以善终的功臣只有区区几人。其实不光明太祖诛杀功臣，汉高祖刘邦当上皇帝后就先后诛杀了英布、彭越、韩信等大功臣，就连萧何这样的文官也差一点被他清洗掉。他为什么会这样做，原因很简单，怕那些大功臣谋反。

不光是像汉高祖和明太祖这样的开国皇帝诛杀功臣，就连汉文帝、汉景帝那样有贤名的皇帝也刻意地打击功臣。周勃对汉室江山有再造之功，可是就是因为有人告他谋反，汉文帝就把他抓起来关进监狱，事后虽然因为没有证据而被放出，但是周勃在牢中也遭受了巨大的侮辱。周勃的儿子周亚夫在汉景帝时亲自指挥平定了七国之乱，可是汉景帝却抓住一点小事就治他谋反之罪，结果周亚夫在牢中绝食而死。

皇帝在天下不安宁的时候委托功臣们为其打天下，天下安宁后就委托功臣们为其治天下，可是一旦发现某些功臣不好驾驭或是自己的子孙后代无法驾驭，马上就会毫不留情地将这些功臣诛杀，撤销他们的代理人资格。

其实在现代企业经营中，也常常出现诛杀或防范功臣的现象。比如一个企业做大做强后，分支机构越来越多，企业的负责人不可能那有么多的精力去管理这么多的分支机构。这时他就会委托很多代理人帮他经营这些机构。有的企业负责人对这些自己委托的代理人其实并不是很放心，因此就时常盯着他们，一发现他们有尾大不掉的趋势，就马上撤销其代理人的资格，其实这样的做法是不可取的。

企业的所有者作为一个委托人要想让自己的企业获得最大的利益，不能只想着如何去监督防范代理人，而是应该让代理人知道企业的发展也会给他们带来一定的好处，这样代理人和委托人才能齐心协力把企业做好。

但是实际上这个问题并不容易解决，在一些所有权和经营管理权分离的企业，委托人和代理人一直存在着利益冲突。委托人想要获得更多的利益，那就必然只能给代理人较少的利益，这就会引起代理人的不满。因此，只有制定出一个委托人和代理人都可以接受的利益分配方案，委托人和代理人才能一起努力把企业做好。

经济学小窗口

委托代理是指代理人的代理权根据被代理人的委托授权行为而产生。因为在委托代理中，被代理人是以意思表示的方法将代理权授予代理人的，因此又被称为"意定代理"或是"任意代理"。

萧何月下追韩信——人才是最重要的

秦朝末年陈胜、吴广在大泽乡起义后，楚国人项梁和自己的侄子项羽也在会稽郡起义响应，他们为了吸引更多的人参加义军，就立楚怀王的孙子为王。于是，楚人从四面八方过来参加项梁的军队，这其中就包括落魄的韩信。

韩信在项梁军中并没有得到重用，后来项梁在定陶战死，韩信就归项羽指挥。他在项羽的军中做郎中，多次向项羽献计，可是都没有得到采纳。于是他就离开项羽去投靠汉高祖刘邦，可是一开始刘邦也没有重用他，只是把他当普通人看待，让他做管理仓库的小官。有一次他在军中犯了法，按照法律应该斩首，幸亏被夏侯婴解救才没有死。夏侯婴和他交谈发现他是个奇才，就把他推荐给刘邦。刘邦任命他为治粟内史，让他去管理粮食，并没有发现他有什么与众不同的地方。

后来丞相萧何也发现他是个奇才，于是多次在刘邦面前推荐他，可是刘邦依然没有重用他。在这样的情况下，他觉得继续呆下去也没有希望，再次逃走了。

当时逃走的汉军将领有几十个，也没有人在意他。当萧何发现他逃走后，立刻骑马去追，最终追上了韩信，在他的百般劝说下韩信终于同意和他一起回去。

　　当萧何去追韩信的时候，有人误以为萧何也逃跑了，就把这件事报告了刘邦。刘邦听说后非常生气，就像失去了左右手一样。萧何把韩信追回来后马上去见刘邦，刘邦又高兴又生气，他问萧何："你不是逃跑了吗？怎么又回来了？"萧何说："我没有逃跑，只是去追逃跑的人。"刘邦问："你去追谁？"萧何说："韩信。"刘邦一听马上大骂萧何："我汉军中有几十个将领逃跑，你都不去追，为什么偏偏要追韩信，你这样说一定是欺骗我。"萧何说："逃跑的那些军官很容易得到，只有韩信是天下无双的国士，得到他就能得到天下。大王如果想一直呆在巴蜀，那么并不需要韩信，如果您还想争霸天下，就一定要重用韩信。"刘邦说："我当然想争霸天下，一天都不想呆在这个地方。"萧何说："既然是这样，您就必须重用韩信，如果不能重用他，他还是会逃跑的。"刘邦说："好吧，看在你的面子上就让他做个将军吧。"萧何说："就算让他做将军，他也不会留下来。"刘邦说："就让他做大将军吧。"萧何说："这就太好了。"

　　于是刘邦想把韩信叫过来拜他为大将，可是萧何说："大王您一向都傲慢无礼，拜一个大将和呼唤一个小孩子一样，一点都不尊重人，这样韩信怎么会不逃跑呢？您应该郑重地斋戒沐浴，恭恭敬敬地登坛拜将，这样才可以。"刘邦就按照萧何所说的那样拜韩信为大将。

　　韩信做了大将军后并没有辜负萧何的信任，他先为刘邦制定了夺取天下的总战略，让刘邦对他言听计从。紧接着率领汉军明修栈道、暗渡陈仓，迅速占领关中。随后他又擒魏、破代、灭赵、降燕、伐齐，最终在垓下用十面埋伏困住项羽，逼得项羽自杀。可以说汉朝的江山完全是韩信打下来的，萧何当初月下追韩信，真是一个无比正确的选择。

萧何为什么不追别人只追韩信？因为韩信是人才，而且是楚汉时顶尖的军事人才、无双的国士，他可以帮助刘邦打天下而别人不能。韩信后来的表现也证实了他确实是一个了不起的人才，没有他就没有大汉王朝。

刘邦得到了韩信这样一个人才，实在是太划算了，韩信为他创造了巨大的、无法估量的效益，这就是我们所说的人才经济学。

同样，现代企业也应该重视人才带来的巨大经济效益。认真地搞好人才的招聘、培养工作，还应该给人才创造舒适的工作环境，让他们都能将自己的才华百分百地发挥出来。这样他们才能给企业创造巨大的经济效益，企业才能不断地向前发展。

经济学小窗口

人才经济学是研究人才再生产活动及其规律的学科，是20世纪80年代在我国兴起的介于人才学和经济学之间的边缘科学。

社会再生产是物质资料再生产、劳动力再生产和生产关系再生产的统一。人才是一种质量比较高的劳动力，人才的再生产是社会劳动再生产的一部分，具有和一般劳动力再生产不同的特点。运用经济学和人才学的理论，去研究经济和社会发展过程中人才的再生产过程及其规律是该学科的基本任务。

第四章

经济学的心理密码

赌资不是钱——人们的心理账户

有一对新婚夫妇在澳门度蜜月,他们花了一千美元在赌场里玩了一天,结果和大多数人一样,他们输掉了这一千美元。晚上他们回到酒店休息,在整理衣物时新郎发现自己的裤兜里还有五美元的筹码,而且筹码上还贴着一张写着"17"的纸条,新郎觉得这一定是上天给自己的某种暗示。于是他连衣服都没来得及换,穿着睡衣又进入了赌场。

他将五美元的筹码压在了数字17上,结果他赢了,赔率是1比35,他得到了一百七十五美元。然后他又多次将赢得的筹码压在17上,结果他都赢了,这时他已经得到了两亿六千万美元的筹码,有人劝他见好就收,拿着钱回去睡觉。可是他没有听从别人的建议,还想赢更多的钱,他不想浪费了好运气。于是他继续将筹码压在了数字17上,结果数字是18,幸运女神离开了他,他输掉了所有赢来的钱。新郎非常遗憾地回到自己的房间。正在焦急地等待着他的妻子问他去干什么了,他说:"我又去赌了几把。"妻子问他:"结果怎么样?"他回答说:"没怎么样,输了五美元。"

故事中这个穿着睡衣的男人输掉了两亿六千万美元,而他却轻描淡写地说输了五美元。为什么会这样呢？因为人们投到赌场上的钱和平时在银行里的存款，是归属于不同的心理账户的，赌场上的钱在人们的心目中，是在一个完全没有价值的心理账户之中的，只是一堆符号而已，因此人们不在乎在赌场上赢的钱。但我们试想一下，如果你的银行账户一下子损失了两亿六千万美金，你还会像在赌场上那样淡然吗？肯定不会，你一定会痛不欲生，因为这些钱是自己辛辛苦苦赚来的。

因此，人们对不同心理账户里面的钱的价值判断是相对的，有的重于泰山，有的却无足轻重。正因为存在着不同的心理账户，人们在消费、投资决策上也存在着比较大的差异。

通常来说，人们在用信用卡消费时都比较慷慨，可是在动用银行账户里的存款消费时又都比较谨慎，甚至是吝啬，这就是不同的心理账户造成的差异。

经济学小窗口

心理账户是芝加哥大学行为科学教授查德·塞勒提出的重要概念。由于消费者心理账户的存在，经济个体在进行决策时往往会违背一些简单的经济预算法则，从而做出很多非理性的消费行为。

马价十倍——名人效应

有一个卖骏马的人接连三天站在马市上都没有人理睬他。于是这个人就去拜见伯乐，他对伯乐说："我有一匹骏马要出售，但是我在马市上呆了三天，却没有人理睬我。我真诚地请求您帮帮我的忙，求您去绕着我的马走几圈，然后临走的时候再回过头来看它一眼，我愿意献给您一早上的花费。"伯乐听了很乐意帮他这个忙，就来到马市上绕着那个人的马走了几圈，临走的时候又看了一眼，于是在一天之内，这匹马的价格就比原来涨了十倍。

为什么一匹原来根本无人问津的马，在伯乐绕着走了几圈又看了一眼后，就能立刻涨价十倍。答案很简单，因为经济学上的"名人效应"。

在现代社会，很多企业都非常善于利用名人效应去获得成功，他们善于借用名人的力量去获得更大的发展机会，这就是为什么有那么多的企业争相请名人做广告的原因。

其实，企业借用名人力量的策略之所以能成功，是因为广大的消费者容易相信名人，关注名人，容易受到名人的影响。现代企业也正是抓住了消费者的这种心理，才会不断地请名人做代言，宣传自己的

产品。

因此,一个企业要想获得成功,除了要把产品的质量和服务做好之外,还要懂得抓住消费者的心理,这样才能取得好的业绩。

经济学小窗口

名人效应是名人的出现所达成的引人注意、强化产品印象、扩大影响的效应,或者是人们模仿名人心理的统称。

名人效应已经在生活中的方方面面都产生了巨大的影响。比如,名人代言可以刺激消费,名人出席一些慈善活动可以带动整个社会去关怀弱者,等等。我们也可以说,名人效应是一种品牌效应,它是一种强大的生产力。

朝四暮三——唯有满意才会有价值

宋国有一个养猴子的人名叫狙公，因为他和猴子长时间地相处，猴子们都能听懂他说的话，他也非常了解猴子的生活习惯、性格特点和心理状态。

有一段时间，因为狙公的生意不景气，生活出现了困难，他就不得不对猴子的口粮进行限量供应。但是他怕猴子不同意，于是就把猴子召集在一起和他们商量说："由于生活困难，我想以后早上给你们吃三个栗子，晚上给你们吃四个栗子，你们觉得这个方案怎么样？"

猴子们听了觉得这样的方案不能接受，于是就一齐反对。狙公看到这种情况就说："那早上给你们吃四个栗子，晚上给你们吃三个栗子怎么样？"

猴子们一听，觉得这样做自己占了很大的便宜，于是大家就都高兴地同意了。

看完这个故事，我们一定会觉得猴子很傻很天真，因为不管是早上三个晚上四个，还是早上四个晚上三个，其实他们一天吃的都是七个栗子，总量根本就没有改变，因此我们判定猴子毕竟是猴子，就是这么傻。

其实，从另外一个角度来看，猴子并不傻。从猴子的实际需要来看，他们认为早上吃四个栗子就足可以满足白天的活动需要，晚上的时候主要是以休息为主，因此吃三个栗子也就够了。从这个角度来看，猴子们是坚持了实事求是、按需分配的原则。

从心理的角度来看，猴子的想法也是比较实际的。因为毕竟先得到四个就能拥有四个，如果先得到三个，那么晚上的四个能不能得到还不确定。从经济学上来说这样做就是无端地增加了不确定因素和风险，因此他们先得到四个以求得心安，这样也能将不确定因素和风险降到最低。

其实，这个故事还涉及经济学上一个非常重要的概念，那就是效用。它指的是消费者在消费某种商品时所获得的主观感受，猴子早上吃四个晚上吃三个的方案所产生的效用就大于早上吃三个晚上吃四个所产生的效用。

消费者的主观感觉取决于消费者对一种物品的喜欢程度，人们在做选择的时候，通常都倾向于选择自己看来具有最高价值的物品和服务。他们对某种物品越喜欢，他们就越愿意购买，并不在乎他的实际价值有多高。

经济学小窗口

通常来说，效用是指对于消费者通过消费或者是享受闲暇等使自己的需求、欲望得到满足的一个度量。经济学家用它来解释有理性的消费者如何把他们有效的资源分配在能给他们带来最大满足的商品上。

一饭千金——效用价值论

西汉的开国功臣韩信在没有发达时是一个穷困潦倒的穷小子,经常连饭都吃不上,生活非常困苦。他不愿意做小吏,又不懂得做生意,因此经常在别人家蹭饭吃,大家都很讨厌他。他曾经一连几个月都在南昌亭长家蹭饭吃,亭长的老婆讨厌他,就故意早早地吃完饭,到韩信回家吃饭时饭已经没了。韩信明白别人讨厌他,一生气就离开了亭长家。

后来为了解决吃饭问题,他就经常到河边钓鱼,可是并不是每天都能钓到鱼,因此时常饿着肚子。幸亏在他经常钓鱼的地方有一个漂母很同情他,就经常救济他给他饭吃。韩信在如此艰难困苦的环境中能够得到一口饱饭,心里非常感激。他对漂母说:"有朝一日我韩信如果发达了,一定会重重地报答您。"这个漂母听他说这样的话非常生气,她对韩信说:"你身为男子汉大丈夫,因为不能养活自己而经常饿着肚子,我是因为同情你的遭遇才给你饭吃,岂会奢望你的报答。"

后来韩信为汉王朝的建立立下了汗马功劳,先是被封为齐王,后来又改封为楚王,因为他是楚人,所以也算是衣锦还乡。他回到家乡后马上派人送酒菜给当初那个帮助他的漂母,而且还送给她一千两黄

金作为报答。

看完这个故事，人们可能都会感叹韩信的知恩图报，当初只接受了一饭之恩，现在却拿一千两黄金作为回报，真的很有良知。其实不然，当初韩信穷困落魄时经常吃不饱饭，可以说是在死亡线上挣扎，这时别人给他一口饱饭，等于说救了他一命，这样一来别人对他其实是救命之恩。他现在富贵了，一千两黄金对他来说根本不算什么，他拿出一千两黄金难道就能报答别人的救命之恩吗？显然是不能的，为什么会出现这样的情况呢？这是因为效用价值的不同。当初一顿饭对经常饿肚子的韩信来说效用价值无疑是巨大的，可是后来的一千两黄金对已经富贵的韩信来说效用价值却是很小的，因此我们说这一千两黄金没有办法报答漂母当初的恩情。

在现实生活中，可以说大多数理性经济人的行为都是符合效用价值理论的。比如，当我们发现自己的钱不够花的时候，我们一定会购买自己最急需的商品。只有当有余钱的时候，我们才会去购买次等需要的商品。这是因为那些迫切需要的商品对我们来说效用价值是最大的，没有它们我们的生活就没有办法维持下去。

经济学小窗口

效用价值论是以物品满足人的欲望的能力或者是人对物品效用的主观心理评价来解释价值及其形成过程的经济理论。

昭支显买牛——期望越低，满意越高

昭支显居住在一个穷乡僻壤，那个地方不产牛。有一天一个外乡人带了一只小牛犊来到这里，它的体形有獒那么大，它的角既像蚕茧又像板栗。昭支显从来没有见过这样的动物，他惊恐地说："这是什么东西啊？"他的朋友伯昏先生告诉他说："这是牛犊啊，《易经》中所说的'小公牛'就是它。"昭支显说："我看你说的不对，小公牛的尺寸只有一尺多长。它有这么大吗？"于是他恳请那个外乡人把牛犊卖给他，费了一番口舌后才把牛买回了家。于是他在邻居们和仆役面前显摆，觉得再也不会有牛比自己的还大。

有一天，宁宣先生经过这里对他说："你的牛还不够大，在高凉山有一种牛叫蜽，身体是黄色的，尾巴是黑色的，类似于黑脚牛，体重有三百斤，您为什么不把它买来呢！"

昭支显虽然并不相信宁宣先生所说的，但还是亲自赶到高凉山把蜽买回了家，他非常高兴，又自以为再没有牛比它的牛大了。

有一天爱子艣经过他的家乡，对他说："你的牛还不够大，在空宾的山林中，有一种牛叫牦牛，一身赤色的鬃毛直垂到大腿，黑红色的长毛完全遮蔽了膝盖。它的身体长力气大，体重足足有六百斤，您为什么不把它买来呢！"

第四章
经济学的心理密码

昭支㡒虽然并不相信他所说的，但还是亲自前往空宾将牦牛买回了家。他非常高兴，又自以为再没有牛比它的牛还大。

一天，居无膝经过，对他说："你的牛还是不够大。在四川的峡谷之中有一种牛叫麈，它的尾巴就像拳头一样可以弯曲。它的眼睛非常明亮，角也很锋利，体重有一千斤，您为什么不把它买来呢！"

昭支㡒虽然并不相信他所说的，但还是亲自前往四川将麈买回了家。

一天，梁都坐船经过这里，站在船上对他说："你的牛还是不够大。在合浦有一种牛叫犩，它脖子上的肉向上隆起就像脊椎一样，龙一样的下颚肉向下垂着，跑起来就像飞一样，它的体重有三千斤，您为什么不把它买来呢！"

昭支㡒又前往合浦把犩牛买回了家，并且他还吓唬别人说："这头牛已经这么大了，难道还有牛大得过它吗？"然后他将头巾推上额头，欢快地跳起舞来，非常得意。

一天，公孙伯光经过，昭支㡒赶紧赶出犩牛让他验看。公孙伯光说："你的牛不够大。在岷山和峨嵋山的山谷中，有一种牛叫犪，头是红色而且很大，腿就像天鹅腿一样长、脚像大象腿一样粗，它的背就像经过雕琢的玉一样华美，它的臀像脂肪全部填充起来一样肥美，它的体重足足有七千斤，您为什么不把它买来呢！"

昭支㡒非常疑惑地问："人世间真的有您说的那样的牛吗？虽然您这么说，我还是要亲自去验证一下。"等到他看到犪，果然和公孙伯光说的一模一样。于是他感叹道："假如别人不告诉我，我真的以为小牛犊是天底下最大的牛啊！"

昭支㡒为什么在见到那些自己原来没有见过的牛时都非常高兴

呢？因为他刚刚听到别人说世界上有比牛犊还大的牛时是不相信的，因此当他心怀疑惑地去寻找那些更大的牛时，他内心中的期望值是很低的，这样一来当他真的发现那些更大的牛时他就会非常惊喜。这则故事说明一个道理，那就是期望越低，满意度就越高。

在现实生活中这样的现象比比皆是，比如，在参加抽奖时原本并不期望抽得大奖，因此当抽得一些等级比较低的奖品时也会非常高兴；相反如果一开始就是冲着一等奖去，那么就算抽到了二等奖也会非常失望。

再比如，消费者购买了一双凉鞋，原本只期望能穿一个夏天，可是最终却穿了两个夏天，这样一来消费者就会对这双凉鞋非常满意。因此一个企业在销售商品时，一定注意不要搞太多言过其实的宣传，这样一来顾客对商品的期望就不会那么高，当他使用货真价实的商品时，满意度就会很高，下次还会购买此商品。如果企业一开始就把自己的商品吹得天花乱坠，把顾客的期望拉得很高很高，那么顾客在使用商品时，一旦发现一点点的问题，就会大大地降低自己对商品的满意度，那么企业就会失去已有顾客以及很多潜在的顾客。

不幸福的兔子——幸福是什么

兔子的胆小在森林中是出了名的，经常受到惊吓的他们总是处于恐慌之中，因为他们常常为了躲避危险而不得不东躲西藏。

有一天，众多的兔子聚集在一起，大家都为自己的胆小无能而感到伤心难过，同时又悲叹自己的生活总是充满了危险和恐惧。

他们越聊越伤心，觉得活着真的很没有意思，每天不但要遭受死亡的威胁，还要遭受别人的冷眼。他们开始怨恨造物主，怨恨他没有给自己强大的力量和翅膀，没有给自己坚硬的牙齿。怨恨自己的生活只能在东躲西藏中度过，就算想大睡一觉也不得不竖起耳朵听着。他们觉得这样的生活一点意思都没有，与其一生都在胆战心惊中度过，还不如痛痛快快地一死了之。

于是他们一致决定集体投河自尽，用这种方式结束自己屈辱的一生，结束人世间的一切烦恼。于是他们排着队一起奔向河边，这时一些青蛙正在河边蹲着，他们听到兔子急促的脚步声，还以为兔子要来攻击他们，于是马上跳到河里逃走了。

一只兔子看到这种情况后突然停止了脚步，其他的兔子也都跟着他停了下来。大家问他为什么停下来？他说："我们不必吓得寻死觅活了，青蛙比我们的胆子还小，只是听到我们的脚步声就飞快地逃跑了。他们比我们还胆小，这难道不是一件值得高兴的事情吗？既然是这样，我们还自杀干嘛！"

经他这么一说，兔子们的心情都好起来了，他们想到这个世界上还有比自己胆小的动物就非常高兴，于是欢天喜地地结伴回家了。

兔子们开始的时候想要自杀，因为他们觉得自己的生活一点都不幸福，既然不能感觉到幸福，那还活着干吗？因此他们决定投河自尽。可是当他们发现这个世界上还有比他们胆小的动物时，他们高兴了，感觉到了幸福，因此他们就不自杀了。为什么他们会感觉到幸福？因为这个世界上还有比他们不幸的动物，他们觉得自己的生活毕竟要比青蛙强，他们心底的那种超过别人的欲望得到了满足，所以他们就觉得自己很幸福。

同样，在现实生活中人们之所以会感到幸福，就是因为心里的欲望得到了满足。但是人们又会经常觉得自己不幸福，那是因为觉得自己不如别人，自己心里的欲望没有得到满足。

其实幸福来自于一种比较。如果一个人的欲望比自己所得到的东西多，自己所得到的东西就无法满足欲望，那么就不会感到幸福。如果一个人所得到的东西能够满足自己的欲望，那么就会感到幸福。

现代经济学认为，拥有财富并不一定就幸福，幸福在很大程度上取决于那些和财富无关的因素，比如，感情、健康、精神等。一个人最缺少什么，什么就能给他带来幸福感。除此之外，我们还应该拥有合理的欲望，千万不要一直和比自己强的人作比较，那样就会一直无法感受幸福，并且活得很累。要想幸福除了努力奋斗外，还要多和那些不如自己的人作比较。

第四章
经济学的心理密码

经济学小窗口

幸福是心理欲望得到满足时的一种状态，一种持续时间比较长的对生活的满足感和感到生活有巨大的乐趣，并自然而然地希望持续久远的愉快心情。

第五章

经济学遇上博弈论

田忌赛马——博弈论三要素

孙膑被齐国的使者秘密地带回齐国后，受到齐国大将田忌的赏识，田忌把他当做上宾，非常尊重他。

有一次田忌要和齐威王赛马，就邀请孙膑和他一起参加，孙膑实在没有办法推辞，就接受了他的邀请。由于齐威王的马比田忌的马稍微强一点，因此三场比赛田忌都输了。输了钱且不说，最重要的是输了面子。正在田忌万分苦恼打算离开赛场时，孙膑在一旁对他说："经过我的仔细观察，发现将军的马和齐王的马的脚力实际上差得并不多。您可以再和齐王比一次，这一次要下重注，我有办法帮您获胜。"

田忌半信半疑地对孙膑说："我的马确实比不上大王的马，难道先生那里有好马吗？"孙膑说："我这里当然没有好马，但是只用刚才参加比赛的那些马我也能让您赢得比赛。"田忌听他这样说就问他："那还不是照样输吗？莫非先生有什么良策？"孙膑非常淡定地对他说："您照我所说的去做，我担保您一定能够赢得比赛。"

田忌听了孙膑的话，虽然心里仍然还有疑惑，但是他知道孙膑并不是一个随意说空话的人。于是按照孙膑的意思，向齐威王提出再进行一场比赛。获胜的齐威王正在得意地向众位大臣称赞自己的马，听到田忌这样说，就不无讽刺地问他："难道将军还不服气吗？"田忌虽然心里一点儿底都没有，但还是硬着头皮对齐威王说："臣当然不服气，况且这次臣有孙先生的帮助，一定可以赢了大王。"

齐威王之前也听说过孙膑的名字，听田忌这么说，就想看一下孙膑到底有什么本事能帮田忌赢自己。于是齐威王对田忌说："那这次将军想怎么赌？"田忌听齐威王这么问，就命人将自己所带的钱全部抬了上来，表示要用这些钱作为赌注。齐威王听他这样说，就也让人抬上了相同数量的钱，另外又加上了一千两黄金，齐威王很轻蔑地对田忌说："那就开始吧。"

田忌听齐威王这么说，就问孙膑该怎么比。孙膑告诉他，先用下等马和齐威王的上等马比赛。田忌知道这样做肯定会输，但是自己也没有别的办法能赢，只好听从孙膑的安排。于是派人拉出自己的下等马和齐威王的上等马比赛，结果输掉了第一场比赛。齐威王高兴地站起来对田忌说："将军用这种拙劣的对策难道还想赢吗？"田忌没有说话。

第二场比赛时，孙膑让田忌用上等马对齐威王的中等马，结果田忌赢了第二场比赛。这次田忌高兴了，脸上的神色也马上变了。可是齐威王却高兴不起来了，他开始有些着急。第三场比赛时，孙膑让田忌用中等马对齐威王的下等马，结果田忌又赢得了第三场比赛。三场比赛田忌总共赢了两场，于是田忌赢了齐威王。从此田忌认识到孙膑是一个大谋略家，于是把他推荐给齐威王，由此孙膑在齐国受到重用。

同样的马匹只是调换了出场的顺序，就能够反败为胜，这正是博弈的神奇之处。田忌赛马的故事不但为我们展示了博弈的神奇，更为我们介绍了博弈论的三个要素，它们分别是参与者或局中人、可以选择的行动或是策略和赢利、赢得、得益或是支付。

首先，田忌赛马中的参与者应该是田忌、孙膑和齐威王。在博弈的过程中必须有参与者的存在，同时参与者至少是两个人。

所谓的策略就是根据对手的情况采取相应的行动。故事中孙膑在了解到齐威王和田忌的马，脚力相差并不大的情况后，就让田忌采取了下等马对上等马、上等马对中等马、中等马对下等马的策略，结果三局两胜最终战胜了齐威王。

这场博弈所得到的盈利最直接的就是赌资，间接的就是田忌对孙膑的敬重，还有以后齐威王对孙膑的重用。从长远角度来看，这场博弈其实并没有失败者。固然齐威王失去了金钱，并丢掉了面子，但是他最终得到了孙膑这个人才，这岂不是最大的获利？

当今社会，博弈论已经被广泛地运用于经济、外交、政治等领域，在人们的日常生活中也存在着各种各样的博弈。所以我们必须要学会博弈论的相关知识，只有这样我们才能在各个领域的竞争中占据有利的位置，也能更好地处理自己与他人的关系。

狐假虎威——智猪博弈

战国时有一段时间楚国非常强盛，当时北方的诸侯国都怕楚国的大将昭奚恤。楚宣王觉得很奇怪，就问手下的大臣究竟是为什么，一位叫江乙的大臣给他讲了一个故事。

从前在一个山洞中有一只老虎，有一天它肚子饿了就出去找食物，正好在一片茂密的森林中遇到了一只正在散步的狐狸。老虎看到狐狸后非常高兴，狐狸看到老虎高兴的样子就知道它想吃自己，本想立即逃跑，但是理智告诉它自己一定跑不过老虎，于是开始紧张地思考对策。就在它思考对策的时候，老虎已经一跃而起扑到了它的身边，毫不费劲地将它擒住。当老虎要吃它的时候，它突然想到了一个计策。于是就对老虎说："你不要以为自己是百兽之王就能将我吃掉。实话告诉你，我已经被上天任命为王中之王，不管是谁吃了我都会被天帝杀掉。"

老虎听狐狸这么一说，心里不由得暗吃一惊，看到狐狸傲慢镇定的样子，盛气凌人的气势不知不觉中消失了一大半。虽然这样但是老虎还是有些怀疑，因此并没有说话，只是静静地看着狐狸。狐狸知道老虎对自己所说的话已经有几分相信了，但还是有一点怀疑。于是狐狸就更加神气十足地指着老虎的鼻子说："难道你还不相信我的话吗？

那现在我就证明给你看。你跟在我的后边,走到森林里的时候,动物们见了我一定都会吓得赶紧逃跑。"

老虎听狐狸这么说,想看看它说的到底是真是假,于是就同意了狐狸的要求,跟在狐狸的后边一起走入了森林。狐狸神气十足地在前面走着,老虎小心翼翼地在后面跟着。当森林里的动物看到狐狸背后的老虎时都吓得赶紧逃跑,这时狐狸回过头来得意地对老虎说:"你看,我说的没错吧,它们见了我都吓得逃跑了。"老虎并不知道动物们是看见了它才逃跑的,还以为真是因为看见狐狸才吓跑的,于是就对狐狸恭敬起来,再也不敢吃狐狸了。

讲完这个故事后,江乙对楚宣王说:"狐狸之所以能够得势,完全是因为利用了老虎的威势啊。现在北方的诸侯国之所以怕昭奚恤,完全是因为害怕大王您的权势啊!"

楚宣王听了,这才恍然大悟。

狐假虎威的故事告诉我们,有些人很善于利用别人的权势去骗人,从而为自己谋取到巨大的利益。从传统的角度来说,我们当然应该谴责这种狐假虎威的行为,但是我们反过来考虑一下,这种行为又何尝不是一种非常聪明的策略呢?在激烈的市场竞争中,在不违背法律的情况下,为了战胜自己的对手,我们还是可以适当地使用一下这样的策略的。在经济学中,狐假虎威中这只狡猾的狐狸和智猪博弈中的小猪有同样的聪明之处。

智猪博弈来源于经济学中的博弈论,它是纳什均衡中的一个非常重要的例子。它根据的是这样一种假设:假如猪圈里有一头大猪和一头小猪,猪圈的一端有一个猪食槽,另一端则安装着一个控制猪食供应的按钮。如果按一下按钮,就会有10个单位的猪食进入槽中。但是谁先按按钮，谁就会先付出2个单位的成本。如果是大猪先来到槽边，那么大猪和小猪吃到食物的收益比是9:1；如果它们同时来到槽边，那么大猪和小猪的收益比是7:3；假如是小猪先到槽边，那么大猪和小猪的收益比是6:4。现在假设大猪和小猪都具有智慧，那么对小猪来说最优的选择就是等待。

为什么这样说呢？因为在大猪选择行动的前提下，如果小猪选择等待，那么它就可以获得4个单位食物的纯收益。可是如果小猪选择行动的话，它就只能获得1个单位食物的纯收益。所以说选择等待要比选择行动获得的收益大。

在大猪选择等待的前提下，如果小猪也选择等待，那么它就没有收益，当然也不用付出成本。如果小猪选择行动的话，它虽然得到了1个单位食物的收益，但是却付出了2个单位食物的成本，这样一来它最终实际得到的其实是－1个单位食物，这样一来等待也同样优于行动。

在市场经济环境下，小企业的经营者最基本的素质就是要向"智猪博弈"中那头小猪学习，做一个善于等待的人。在总体实力不如大企业的情况下，小企业选择恰当的等待，让那些实力雄厚的大企业先去开发市场，然后自己选择搭顺风车，这样就可以为自己的企业节省下一大笔费用。一个高明的企业经营者应该像狐狸那样善于利用各种有利的条件去为自己服务，这样就可以让企业的管理和发展迈上一个新的台阶。

智猪博弈在市场经济中的应用和体现是非常普遍的。比如说在股份公司中，从常理上来说，股东们都承担着监督职业经理人的职能。但是公司的大股东和小股东从监督中获得的收益其实是不一样的，因为在监督成本相同的情况下，大股东从监督中获得的收益明显比小股东要高。因此小股东通常不会像大股东那样去认真地监督职业经理人，而大股东又非常清楚小股东一定会在自己的监督中搭顺风车，可是大股东却没有别无选择，他要想获得更好的收益，保证自己的利益不受损失，就只有独自承担监督职业经理人的成本。这样一来从每一股的净收益来看，小股东要大于大股东。

因此在市场博弈中，有时候抢占先机并不一定就是一件好事。因为这样做会将你的行动和想法暴露在对手面前，对手可以根据你现在的选择，做出有利于自己的决策，并且还会利用你的选择尽可能地占你的便宜。

在具体的经济博弈中，我们应该先认真地分析形势，按照风险最小，利益最大的原则，把风险留给对手，把获得利益的机会牢牢地掌握在自己手中。

第五章
经济学遇上博弈论

靖难之役——零和博弈

靖难之役是明惠帝朱允炆和他的叔叔燕王朱棣之间为争夺皇位而进行的一场战争，这场战争最终以朱棣的胜利告终，因为朱棣发动战争时是以"靖难"为口号的，因此这场战争又被称为"靖难之役"。

明太祖朱元璋建立明朝后，马上立自己的嫡长子朱标为太子，朱标为人宽厚仁孝，知书达理，因此受到众人的拥戴，朱元璋也对他寄予厚望。朱元璋为了确保朱标的地位不被别人威胁，采取了两步行动。一方面他大肆诛戮功臣，为朱标消除潜在的隐患；另一方面加封自己的子侄，把他们分封到全国各地为王，这样做一来可以让他们无法威胁朱标的地位，二来可以让他们拱卫皇室，在国家有危难时出兵勤王。朱元璋为了避免权臣篡位，还规定各地的藩王有起兵消灭权臣的权利。当时朱元璋将最像自己的四儿子朱棣，分封到了现在的北京做燕王，让他担当起抵御蒙古军队进攻的重大责任，因此朱棣手中掌握了不少的兵力。

就在朱元璋为朱标安排好一切后，朱标却在他之前病死了，朱元璋非常难过。立谁做继承人的问题又摆在了他的面前，朱元璋心目中有两个人选，一是皇长孙朱允炆，二是皇四子朱棣（当时朱棣前面的三个哥哥都已经去世，他已经成为事实上的长子）。结果最终朱元璋决定立朱允炆为继承人，朱棣对这个决定非常不服气。

朱允炆被确立为继承人后，感到朝廷的藩王并没有把自己放在眼里，而且这些藩王手中都掌握了一定的兵力，其中燕王的实力最为雄厚。他觉得藩王的存在已经对他构成了严重的威胁，于是就开始和自己的心腹齐泰、黄子澄等人筹划削藩的事情。

朱元璋去世，朱允炆继承皇位后，不准藩王到南京奔丧。当时朱棣已经赶到南京城外，朱允炆还是命令他回去，这件事让诸王非常不满。朱允炆也感到了诸王的不满，于是在办完朱元璋的丧事后，马上开始削藩。

当时朝廷内部有人认为应该先对实力最强的燕王下手，可是遭到朱允炆的心腹黄子澄的反对，结果朱允炆支持黄子澄的意见，决定先对实力比较弱而且明显存在问题的藩王下手。于是他们先削去燕王的同母兄弟周王，将周王废为庶人，后又贬往云南。随后又对齐王、湘王、代王、泯王动手，将他们或软禁或废为庶人。

朱允炆的这些行动严重地激化了朝廷和藩王们的矛盾，把藩王们搞得人人自危。在这样的情况下，燕王朱棣知道如果自己再不行动，就只能坐以待毙，于是他在姚广孝的帮助下开始积极训练兵马。朱允炆在削去五位藩王后决心对朱棣动手，他派自己的亲信接管了北京周围的部队，并对燕王严密监视。在这样的情况下，朱棣杀死前来执行逮捕任务的朝廷官员，打出靖难的旗号，起兵反对朝廷。

朱棣刚刚起兵时势力弱小，因此被朝廷的大军压在了北京地区，结果他经过艰苦的战斗，终于将朝廷在北京周围的势力肃清，解除了后顾之忧。随后他又接连打败了朱允炆派出的耿炳文和李景隆率领的大军，后来与朝廷的大军在河北和山东苦战。因为得到南京空虚的情报，就率领大军越过山东，直接进攻南京，最终成功进入南京。

建文帝朱允炆不知所终，最终朱棣在文武大臣的拥戴下登上帝位成为明成祖。

在靖难之役中，朱棣和朱允炆叔侄俩总是想尽办法要消灭对方，朱棣每占领一座城池，朱允炆就会失去一座城池，朱棣所得到的东西都是朱允炆所失去的。朱棣所取得的胜利就是朱允炆所遭受的失败，最终朱允炆丢失了皇位，朱棣得到了皇位。在他们对皇位的博弈中，参与博弈的只有他们两个人，他们所争的东西只在他们叔侄手中来回流转，并没有便宜其他人，也就是说不是你的就是我的，并没有第三个人会遭受损失或得到利益。这种现象在经济学上被称为零和博弈。

零和博弈在现实生活中的体现是非常广泛的。比如，如果两个企业都想得到一个项目，而且只有这两个企业争夺这个项目，那么一个企业得到了这个项目，另一个企业就必然会失去，而且一点利益也得不到。零和博弈其实是一种损人利己的事情，也就是说如果一个人得到了利益，那么另一个人必然会损失某种利益。它并不存在双赢的现象，这种博弈是没有办法妥协的。

经济学小窗口

零和博弈又被称为零和游戏，是经济学中博弈论的一个重要概念，属于非合作博弈。具体是指参与博弈的双方，在严格的竞争条件下，一方的收益就意味着另一方的损失，博弈双方的收益和损失相加的总和永远是零，也就是说它没有办法为社会创造出利益，参加博弈的双方并不存在合作的可能。

开窗难题——非零和博弈

在一个酷热的下午，约翰·纳什教授正在专心地给自己的学生讲课。可是教室外面却有几个工人正在热火朝天地施工，机器轰隆隆地响着，刺耳的声音严重影响了教授讲课的状态。他对噪音非常厌恶，于是快步走到窗前，狠狠地关上了窗户。

他刚关上窗户，就有学生抗议："教授，请您别关窗户，屋里实在太热了，这样下去我们会晕过去的。"可是纳什教授非常严肃地说："课堂的安静比你是否舒服重要得多。"然后他转过身一边在黑板上书写数学公式一边说："在我看来，给你们上课不但浪费了你们的时间，而且还浪费了我的宝贵时间。"

就在他一边自言自语，一边在黑板上书写公式的时候，漂亮的女学生阿丽莎站起来，走到窗边打开了窗户。教授虽然没有阻止她的行为，但还是用责备的口吻说："小姐，你为什么要这么做？"阿丽莎并没有回答教授的问题，她只是站在窗边对教室外施工的工人说："先生们，我们现在遇到了一个两难的问题。关上窗户教室里会很热，开着的话又太吵没有办法安静地上课。我想能不能先请你们到别的地方去施工，给我们大约四十五分钟的时间。你们觉得这个要求怎么样？"

第五章
经济学遇上博弈论

正在干活的工人意识到了自己的活动影响到了学生们的学习，于是非常愉快地说："当然没问题了。"他们决定停止工作，暂时休息一下。

就这样阿丽莎非常轻松地解决了这个问题。她回过头来非常高兴地看着教授，教授也微笑着看着她，然后教授笑着对自己的学生说："你们会发现在多变性的微积分中，通常一个难题都会有多种解答。"

阿丽莎对"开窗难题"的巧妙解答，让原本一个非此即彼的零和博弈的问题变成了另外一个结果：同学们既不用忍受高温，教授也可以在安静的环境中讲课。这样的结果不再是0，而是2。这表明在生活中那些看上去根本无法调和的矛盾，其实并不一定就是你死我活的僵局。只要肯认真思考，就能找到解决问题的答案，实现合作双赢。

在很多事情上都是这样，面对一个两难的问题，并不一定非要付出一种巨大的代价后，才能获得另一种利益。同样在竞争中就算别人的利益受到了损害，自己也并不一定能得到利益；相反在不损害别人利益的前提下，其实自己也能获利。这就是经济学中的非零和博弈。

所以说，非零和博弈可以产生正负两个方面的效果。一是正面的结果，参与博弈的双方没有必要搞得你死我活才能获得收益，大家可以在不损害自身利益的前提下，通过合作而获得收益，不但如此，大家还能通过合作为社会创造出更大的收益。二是负面的结果，参与博弈的一方在对方失败的情况下，自己也不一定能得到利益，反而会受到重大的损失，这就是我们平常所说的"两败俱伤"。

比如，在国际贸易中如果两个国家一直搞贸易战，那么贸易双方都会有损失，并不会因为一方的损失而导致另一方获利。相反，如果贸易双方能够密切合作，那么彼此就能在合作中实现共赢，还能创造出更多的效益。同样，在两个企业做生意的过程中，如果一个企业老想着损人利己，那最终的结果很有可能是损人不利己，你让别人遭受了损失，你自己也必然会遭受损失。只有两个企业密切合作，才有可能实现共赢。

经济学小窗口

非零和博弈是一种非合作下的博弈，博弈中各方的收益和损失的总值并不是零值，也就是说博弈各方的收益和损失并不相等，它区别于零和博弈。

在这种状况下，自己的所得和他人的所失大小并不相等，也就是说自己的幸福并不是建立在别人的痛苦之上，就算是伤害他人，也可能会损人不利己。在竞争中的各方并不是完全对立的，一方所得到的并不意味着其他各方要遭受同样数量的损失。参与竞争的各方之间存在着某些共同的利益，有时候通过合作可以实现"双赢"或是"多赢"。

七擒孟获——重复博弈

三国时期，汉昭烈帝刘备在夷陵之战中，被东吴的陆逊打败病死在白帝城。虽然刘备死前把政事托付给了诸葛亮，但是刘备的去世还是引起了蜀国内部的震动，最直接的表现就是南中四郡的反叛。

当时诸葛亮认为国家正值大丧，不应轻易用兵，于是就把精力放在安定民众，和东吴修好两件事上。等到国家外部和内部民众都安定后，诸葛亮亲自率领大军进攻南中地区的叛军，他采纳了马谡提出的"攻心为上"的建议，决定要让叛军心服口服，永远不再叛乱。

诸葛亮率领的大军进展非常顺利，很快斩杀了高定、朱褒等叛将，然后集中力量进攻在南中地区很有威望的孟获。

诸葛亮得知孟获在南中地区的百姓心中很有威望，就决定生擒孟获迫使他归顺，以达到收复南中地区民心的目的。因此他亲自率领大军渡过泸水和孟获作战，很快就将孟获俘虏。俘虏孟获后诸葛亮不但没有杀他，而且亲自带他观赏军营，并问他觉得蜀军怎么样。孟获高傲地回答说："我之前因为不知道你们的虚实才会被打败，现在跟着您一起观看军营，才发现也不过如此。如果您愿意把我放回去，我就一定可以打败您。"

诸葛亮想让孟获对自己心服口服，于是就笑着把他放走了。结果孟获被诸葛亮七擒七纵，终于真心信服，不愿意再反叛，从此南中地区成为了蜀汉政权稳固的后方。诸葛亮在七擒七纵孟获的过程中采用了各种不同的手段将孟获擒获，而孟获在这个过程中逐渐认识到诸葛亮是个有能力、讲信用的人，因此才会真心臣服。

诸葛亮连续七次捉住孟获又将他放掉，可以说诸葛亮和孟获进行了七次重复的博弈。每次博弈的结果虽然都一样，但是过程却是不一样的，而且博弈的参与者并没有发生改变，这样的博弈在经济学中被称为重复博弈。

故事中，诸葛亮为了实现让孟获真心臣服，并且收服南中地区民心的目的，就和孟获进行了七次博弈。这七次博弈分为七个阶段进行，而且每个阶段双方都采用了不同的策略。这种博弈的方式和那种只进行一次的博弈是大不相同的，因为诸葛亮所看重的并不是一次战役的胜败，他所要的是长久的安定，因此重复博弈的参与者很有可能会为了自己的长期利益而放弃短期的利益。他们并不会只贪图眼前的一点利益，相反他们会为了未来做长远的打算。因为只有这样才能让参与博弈的另一方真诚地和自己合作，参与博弈的双方才能真正地实现共赢，实现自己的利益最大化。

因此，在市场经济中有很多经营者会甘愿花费大量的时间和精力去维护老客户。因为他们知道自己和老客户的交易并不是一次性的，也就是说他们之间的博弈并不是一次性的，他们和老客户之间存在着重复博弈。因此他们积极地为老客户着想，争取老客户能够长久地和自己合作，这样一来重复博弈的结果就是参与博弈的双方彼此都实现了利益最大化。所以，如果你是企业的经营者，就一定要学会珍惜和保持这种和客户的长期重复博弈的关系。

经济学小窗口

重复博弈是一种非常特殊的博弈，具体是指相同结构的博弈重复了很多次，甚至是无限次。其中，每次单独的博弈被称为"阶段博弈"。

在每个阶段的博弈中，参与的人可能会同时行动，也可能不同时行动。因为其他参与人过去参加行动的历史是可以观测的，是可以作为参考的，因此在重复博弈的过程中，每个参与人可以使自己在每个阶段选择的策略依赖于其他参与人过去的行为。

当博弈只进行一次的时候，每个参与人都只关心一次的胜败。可是当博弈重复进行很多次时，参与人就可能会为了长远的利益而放弃眼前的小利，从而选择不同的均衡策略。因此，重复博弈的具体次数会影响到博弈均衡的结果。

玄武门之变——先发优势

玄武门之变是唐朝历史上的一件大事,同时也是中国历史上的一件大事,因为没有它就没有唐太宗,没有贞观之治,没有强大的唐王朝。

唐朝建立后,唐高祖册封长子李建成为皇太子。可是在唐朝的建立过程中,立有大功的秦王李世民却不服,随着李世民的功劳越来越大,唐高祖也有让李世民取代李建成的意思。李建成便把李世民看做是对自己皇位的巨大威胁,想把李世民除掉。于是就联合自己的四弟齐王李元吉一起对付李世民,他们买通后宫的嫔妃,多次在唐高祖李渊面前说李世民的坏话,不仅如此,他们还多次阴谋陷害李世民,有一次差一点就要了李世民的命。

后来,李渊禁不住嫔妃和李建成、李元吉对李世民的多次污蔑和诽谤,也对李世民产生了不好的看法,渐渐地和李世民疏远了。李世民感到了父亲的冷淡和兄弟们的威胁,觉得不能坐以待毙,于是他也开始积极发展自己的实力。

李元吉多次在李渊面前请求杀掉李世民,可是李渊并没有答应,但将李世民手中的兵权解除了。李世民的兵权被解除后,他身边的人都为这件事感到忧虑、恐惧,不知道该怎么办。当时房玄龄和长

第五章
经济学遇上博弈论

孙无忌已经意识到李世民和李建成、李元吉没有办法共存，而且死亡的威胁一直笼罩在李世民身上，因此他们一起劝李世民当机立断，做好诛杀建成、元吉的准备，李世民心有所动，但是并没有同意他们的意见。

李建成和李元吉非常忌惮秦王府的骄兵悍将，因此决定把他们挖过来为己所用。他们送珠宝并亲自写信给尉迟恭，用高官厚禄来引诱他，想让他来帮助自己，可是被尉迟恭坚决拒绝了。既然没有办法让尉迟恭为自己所用，他们就在唐高祖面前陷害他，结果尉迟恭被关进了监狱，差点失去性命。随后李建成和李元吉又在唐高祖面前诬陷秦王府的程知节、房玄龄、杜如晦等人，于是唐高祖将他们全都贬到外地去了。眼看着身边的帮手越来越少，李世民非常着急。这时长孙无忌、高士廉、尉迟恭、侯君集等人日夜劝说李世民对李建成、李元吉下手，最终李世民下定决心诛杀建成、元吉。

他们采用先发制人的策略。公元626年7月2日，李世民向李渊告发了李建成、李元吉秽乱后宫的事情，李渊表示第二天审问建成和元吉。李建成得悉这件事后决定先一步进入皇宫，逼李渊下令诛杀李世民。7月2日这一天，李建成和李元吉带领人马想从玄武门进入皇宫，因为玄武门由他的亲信常何把守，因此他非常放心。可是他没有料到常何早被李世民策反了，已经加入了李世民的阵营。他更没有料到李世民已经先他们一步，带领一百多人埋伏到了玄武门。当李建成和李元吉来到玄武门时，发现情况异常本想逃跑，可是被李世民喊住。当时李元吉想拉弓射死李世民，但连续拉了三次都没有拉开，结果李世民一箭射死了李建成。李元吉在战斗中负伤逃跑，最后被尉迟恭杀死。这时东宫的军队和齐王府的军队猛烈地进攻李世民等人，关键时刻尉迟恭抛出建成和元吉的人头，东宫的军队和齐王府的军队一看首领已

105

经死了这才退去。

紧接着李世民将这件事告诉了李渊，无可奈何的李渊册封他为皇太子。后来将皇位传给他，自己做起了太上皇。

在李建成、李元吉和李世民展开激烈争斗的过程中，处处都体现着先发优势。李建成怕李世民威胁到自己的地位，就马上拉拢李元吉一起对付李世民，这是一种先发优势。不光如此，他们还收买李渊的妃嫔，长时间地在李渊面前说李世民的坏话，让李渊对李世民失去信任。这样一来失去李渊支持和信任的李世民实力就又被削弱了，这又是一种先发优势。为了彻底打垮李世民，李建成和李元吉还拉拢打击李世民身边的文臣武将，不遗余力地削弱李世民的实力，这更是一种先发优势。可是就在他们占尽优势的情况下，却仍然被李世民诛杀，这是为什么呢？原因就是李世民在最重要的一次战斗中占了先发优势。他首先向李渊告发李建成和李元吉，逼他们提前行动。其次他策反了把守玄武门的常何，然后又比建成和元吉先一步到玄武门埋伏，占据了心理和地理上的优势，因此他才能非常从容地应对最后的斗争。建成和元吉因为优势尽失而心慌意乱，所以他们在争斗中一直都处于下风，最终被诛杀。

李建成、李元吉、李世民都想通过先采取行动而让自己处于一个有利的地位，然后再选择合适的时机果断出击，击败对方，他们的这种想法其实涉及经济学中一个非常重要的概念，那就是先发优势。

先发优势说白了其实就是先下手为强，就像在打仗时先占领有利的地形一样，只要先占领了有利的地形或是位置，就能够掌握住优势。先发优势在日常生活中的体现就是要比别人先走一步，先走一步就能比别人先看到更多东西，先占领一些资源。占据先发优势的企业可以建立起重要的品牌忠诚度，后来者很难打破。先行者还有机会封杀后来的竞争对手，阻止其研究出的新技术和新产品，阻碍后来的竞争者实现销售，防止其通过规模经济和学习效应实现成本优势。先行者还为使用它产品的客户创造了转换成本，这样一来后来的竞争者就很难从先行者手中夺走客户。最后，先行者还能积累一些关于顾客需求、分销渠道、产品技术、工艺技术等方面的有价值的知识。

但是，第一个行动的企业其实也面临着某种先发劣势和风险。首先，先行者需要承担沉重的"领先成本"，而后面跟进的人则不需要负担这种成本。其次，首先行动的企业容易犯错误，因为新市场充满了不确定性。可是后来者却可以在先行者所犯的错误中汲取经验教训，少走很多弯路。他们还可以对新产品进行改善，向市场上投放资质更佳的商品，抢占先行者的市场份额。先行者还有可能错误地投资二流或是已经落伍的技术，将资源进行错误的配置，从而无法做出成绩。

其实，在市场经济中，先发优势的例子很多。比如，在国内的家用电器销售市场上，国美和苏宁就是因为率先推行了连锁营销的模式，才会在短时间内占据了家电销售市场，成为国内电器销售业的巨头。

在企业的经营管理上，先发优势是非常重要的。比如工业经济，一个新的领域哪家企业进入得早，它的规模就会最大，成本就会最低。信息产业也是如此，当年比尔·盖茨敏锐地感觉到微型计算机一定会风靡世界，因此他就第一个进入了微型计算机的领域，并研发了大量的软件，这才有今天微软的垄断局面。同样，当年中国移动也是因为掌握了网络建设的先发优势，才会有今天的巨大成就。

可是，也有企业因为没有掌握先发优势而破产的，比如柯达。作为一家传统的胶卷生产商，柯达严重低估了数码摄影发展的速度。直到2003年时才推出"全力进军数码领域"的战略，这个战略无疑是正确的，可是太迟了。世界数码摄影市场早已经被瓜分殆尽，柯达此时进入，完全失去了先机。同样，很多原本发展良好的企业就是在关键的时刻畏首畏尾，没有首先抓住机遇，所以才导致一步步地没落，最终被淘汰。因此，如何才能占据先发优势并且好好地利用它，这是每一个企业的经营者都应该考虑的问题。

经济学小窗口

先发优势是领先的技术和产品带来的持久的竞争优势。在高技术产业中，某些行业的先行者通常都会因为研究开发出了革命性的产品而在这个行业内居于垄断地位，如果这种新产品满足了顾客还没有得到满足的需求而且这种需求还非常大，那么这些先行一步的企业就能获得巨大的收入和利润。

第五章
经济学遇上博弈论

鸿门宴——最优反应

秦朝末年刘邦和项羽结为兄弟，一起参加反抗暴秦的斗争。当时楚怀王决定派他们两个人分兵两路进攻关中的秦国，并在诸侯面前约定先入咸阳者为关中王。

当时刘邦的兵力虽然不如项羽，但是因为使用策略得当，所以一路之上很少遇到抵抗，得以率先进入关中地区。秦王子婴知道已经无力回天，就向刘邦投降。因此刘邦不费一兵一卒进入咸阳。

项羽听说刘邦进入咸阳后非常生气，马上派大将英布攻破函谷关，这样项羽也进入了关中地区。当时刘邦的军队已经全都撤出咸阳驻军灞上。项羽进入咸阳后打算教训刘邦，而刘邦因为怕被项羽杀死，所以就没有去见项羽。这时，刘邦的左司马曹无伤派人在项羽面前说刘邦想在关中称王，项羽听了更加生气，准备第二天出兵一举击败刘邦的军队。当时项羽的谋士范增也在一边添油加醋，他对项羽说："沛公原来只是个贪财好色之徒，可是到了关中后却像变了个人一样，说明他的志向非常远大。我曾经让人观望他那里的云气，发现全都是龙虎的形状，呈现美丽的颜色，这就是天子之气。现在我们要抓住这个机会一举消灭他，千万不能心软。"项羽听后深以为然。

项羽的叔父项伯得知这个消息后，因为担心自己在刘邦军营的好朋友张良（张良对项伯有恩）被连累，所以当天晚上骑着快马到刘邦的军营。把项羽的决定告诉了张良，劝他赶紧离开刘邦逃命。可是张良是个讲义气的人，况且刘邦又对他不错。虽然从名义上来说，他并不是刘邦的下属，但是朋友有难他觉得自己不能一走了之，于是就把这件事告诉了刘邦。

刘邦听后大吃一惊，问张良该怎么办。张良说："现在将军只有十万军队，而项羽有四十万军队，因此是无法抵挡项羽的。您应该亲自告诉项伯，说自己绝对不会背叛项羽。"刘邦说："您和项伯的交情怎么样？"张良说："以前他曾经杀过人到处逃命，我救了他。现在事情危急，他怕我被连累所以才来告诉我。"刘邦说："那老兄和他谁的年龄大？"张良说："他的年龄比我大。"于是刘邦就以对待兄长的礼节对待项伯，还和他约定结为儿女亲家。刘邦在项伯面前极力地为自己辩解，他告诉项伯自己绝对不会背叛项羽，请求项伯把自己的话全部转告给项羽，并且请项伯在项羽面前为自己多说几句好话。项伯同意了他的请求，他对刘邦说："沛公明天应该早点来向项将军道歉。"刘邦赶忙表示同意。

项伯又连夜赶回项羽军中，他把刘邦的话全部传达给了项羽，而且还趁机对项羽说："如果不是沛公率先攻破关中，你怎么能顺利地进入关中呢？沛公立下大功，你却要攻打他，这并不是好的做法，而且天下人也会说你不讲信义。还不如趁此机会好好对待他。"原本项羽听说刘邦不会背叛自己，心里的气就消了一半，现在听项伯这样讲，忽然觉得有些对不住刘邦，便同意了项伯所提的意见。

刘邦第二天一大早就带着一百多人，携带礼物到鸿门向项羽赔礼道歉。刘邦见到项羽后马上向项羽赔罪说："我和将军合力攻打暴秦，我在黄河以南作战，将军在黄河以北作战。我走运先将军一步进入咸阳，这是我做梦都没有想到的。现在能够在这里再一次见到将军，真是莫大的幸运。不料现在却因为小人的谣言，让将军对我产生了误会。"项羽觉得刘邦的话很诚恳，心里有些过意不去，他对刘邦说："这全是您的左司马曹无伤在造谣，要不然我又怎么会这样呢？"

于是，项羽将刘邦留在军营中参加宴会，大家一起喝酒。当时项羽和项伯朝东坐着，范增朝南坐着，刘邦朝北坐着，张良就坐在西面陪侍。范增在宴席上多次向项羽使眼色，又再三举起自己佩戴的玉玦示意项羽，让他下决心杀掉刘邦。可是项羽始终保持沉默没有反应。范增觉得这样下去不是办法，就起身到外边把项庄找来，对项庄说："项将军太过仁慈，不能下决心杀死刘邦。现在你进去敬酒，舞剑，找个机会杀掉刘邦。"于是项庄进入大帐敬酒，然后请求舞剑助兴，项羽同意了他的要求。项庄便开始舞剑，打算找机会杀掉刘邦。项伯识破了项庄的用意，也起来舞剑，用自己的身体挡在项庄面前，让他无法刺杀刘邦。

张良看到形势危急就起身来到大帐外，找到刘邦手下的大将樊哙，并对他说："情况非常危急，现在项庄在舞剑，他想要沛公的命。"樊哙说："请让我进去和沛公同生共死。"于是樊哙拿着剑，持着盾牌往大帐里面冲。守门的军士想阻拦他，但是都被他撞倒在地，就这样樊哙进入到大帐之中。

樊哙在大帐中朝西站着，他张大眼睛瞪着项羽，头发直竖起来，眼角都裂开了。项羽看到他这个样子，心里有点慌张就握着剑挺起身问："这位客人是做什么的？"张良回答说："这人是沛公的参乘樊哙。"项羽说："真是一位壮士，赏给他一杯酒"。于是有人端了一大杯酒给樊哙，樊哙先拜谢了项羽，然后站着把酒喝了。项羽又说："赏给他一条猪前腿。"有人就给樊哙拿了一条还没有煮熟的猪前腿，樊哙就把盾牌放在地上，把猪腿放在盾牌上，拔出剑来切着吃。项羽很高兴地问："壮士还能喝酒吗？"樊哙说："我连死都不怕，一杯酒又有什么可推辞的呢？秦王有虎狼之心，杀人唯恐不能杀尽，惩罚人时用尽了酷刑，所以天下人都背叛了他。怀王曾经和诸侯约定，先进入咸阳的人为王。现在沛公先打败秦军进入咸阳，一点儿东西都不敢动用，封闭了所有的仓库，率军退还灞上，等待大王的到来。之所以派遣将领把守函谷关，是为了防备盗贼的出入和其他的变故。这样的劳苦功高不但没有得到赏赐，反而因为小人的谗言而有被诛杀的危险，这是在继续秦朝的做法啊。我私下里认为大王不应该采取这样的做法。"项羽听了他的话无言以对，只是让他坐下。于是樊哙就挨着张良坐下。

　　坐了一会儿后，刘邦起身上厕所，趁机把樊哙叫了出来，后来张良也找个机会溜了出来。刘邦觉得再呆下去恐怕会更加危险，于是就想先回去，可是他考虑到还没有向项羽辞行就这样走不妥当。樊哙说："做大事的人不必顾忌小节，讲大礼不必顾及小的谦让。现在我们就像是菜板上的鱼和肉，完全任人家宰割，还告辞做什么呢？"于是决议离开。他们决定由张良留下来向项羽道歉，并把自己带来的礼物送给项羽和范增。商量好善后的事情后，刘邦就带着樊哙、夏侯婴等人离开了。

　　张良估计刘邦已经到了军营，就进去向项羽道歉，说刘邦因为不胜酒力已经返回军营，并且还把礼物分别献给项羽和范增。项羽没有多说什么。范增就生气地将刘邦送的玉斗砸得粉碎，他还预言今后夺得天下的一定是刘邦。

故事中，刘邦在参加鸿门宴之前已经得知项羽想杀自己，他觉得自己的实力根本没有办法与项羽抗衡，所以才会极力地笼络项伯，在做好一切准备后才硬着头皮去赴宴。在鸿门宴上，因为知道范增要杀自己，所以一方面找项伯来搅局，一方面把樊哙叫了进来，让他大义凛然地责怪项羽。这样一来项羽一方的人感到理亏，也就没办法再对刘邦下手。可是刘邦知道范增肯定不会放过他，于是就借着上厕所的机会逃跑了，而项羽也并没有怪他，因此刘邦最终取得了鸿门宴的胜利。

刘邦之所以能够胜利是因为事先掌握了项羽方面的行动策略，他的策略始终随着项羽策略的改变而改变，因此刘邦对项羽采取了最合适的策略。这样一方面成功地脱离了危险，另一方面又成功地拖延了项羽对其发动战争的时间。刘邦针对项羽的策略而实施的一系列策略可以说都是最准确、最合适的，这种最准确、最合适的策略在经济学上被称为最优反应。

最优反应在我们的生活中是非常常见的，比如，在商战中每个企业都会实行"以眼还眼，以牙还牙"的措施。只要有一个企业的商品降价，那么其余的企业必然也会跟着降价，要不然就一定会吃亏。也就是说，当我们了解了对手所采取的策略后，我们一定要紧紧地围绕对手所采取的策略进行认真的分析，然后制定出最适宜、最正确的应对措施，这样才能够让自己在激烈的市场竞争中始终立于不败之地。

经济学小窗口

在经济学的博弈论中,如果其他人所采取的行动是我们已知的或是能被预测的,那么根据这个已知的或可预测的行动而采取的能使自己收益最大化的策略,被称为最优反应。

坐山观虎斗——枪手博弈

战国时，有一次韩国和魏国打仗，两个国家打了好长时间都没有分出胜负，秦惠王打算派出使者让两个国家和解，为此询问大臣们的意见。大臣们有的说应该让他们和解，这样对秦国有利，有的说不应该让他们和解，这样对秦国有害，秦惠王一时拿不定主意。这时陈轸正好回到秦国，秦惠王就来征求他的意见。陈轸并没有直接表明自己的意见，而是给秦惠王讲了一个"卞庄刺虎"的故事。

卞庄子在山谷中看见两只老虎在吃一头牛，于是想要马上杀死它们。旁边的人阻止他说："你不必急着去杀老虎，现在它们正在吃牛，等它们吃完了牛必然会争斗。两只虎一起争斗的结果，一定是比较强壮的老虎受重伤，比较瘦弱的老虎死亡。这时你再去杀那只受了重伤的老虎，岂不是很容易就能将它杀死，这样一来你不就能一举杀死两只老虎了吗？"卞庄觉得他说得很有道理，就坐在一边看着两只老虎争斗，最终果然一只老虎受了重伤，另一只老虎死了。这时卞庄拿着宝剑很轻松地把老虎给杀了。

秦惠王听了这个故事后马上恍然大悟，他对陈轸说："你的意思是先让韩国和魏国打一阵子，等到他们两败俱伤的时候再出兵讨伐，这样就可以一次打败两个国家，就像卞庄刺虎一样，是吗？"陈轸说：

"正是这样。"

于是秦惠王按照陈轸所说的办法去办，果然一举打败了魏国和韩国。

卞庄刺虎的故事告诉我们，当面对不止一个对手的时候，千万不能操之过急。想把对手们都打败，这样做不但不能打败对手，反而会让对手们联合起来先将你消灭掉。因此，当你面对众多对手尤其是那些实力比自己强的对手时，最正确的方法是以静制动，等待适当的时机再出击。就像卞庄那样坐山观虎斗，等到自己的对手们争斗得筋疲力尽的时候，再出手攻击他们，这样一来自己就能由弱转强，最终战胜所有的对手赢得胜利。

枪手博弈是博弈论中的一个非常重要的概念，它和卞庄刺虎的情况是基本相同的。其实枪手博弈来源于一个假设或者说是一个故事。

大家都知道，如果两个枪手一起决斗，那么这件事就很简单，只要把对方打倒或是打死，自己就胜利了。可是当你的对手并不是一个人的时候，最关键的问题就不再是先击倒哪个对手，而是想办法先保证自己不被击倒，这样才能更好地战胜对手。下面我们来看看美国的枪手在遇到不止一个对手时是怎么做的，在这样的情况下又会出现怎样的结果？

在美国的一个小镇上，有三个枪手之间的仇恨已经到了不共戴天的程度，于是他们相约决斗。虽然气氛非常紧张，可是谁也没有行动。因为他们对彼此的实力了如指掌：三个人中甲的枪法最好，十发八中；乙的枪法也还行，十发六中；丙的枪法最不好，十发四中。在这样的情况下，如果他们三个人同时开枪，那么谁活下来的机会大一些呢？如果你认为是枪法最好的甲，这样的想法就是错误的，最有机会活下来的恰恰是枪法最不好的丙。

因为这三个人彼此痛恨，根本就不可能达成谁先开枪谁后开枪的协议，因此他们会完全根据自己的想法去开枪。所以，枪手甲一定会先开枪打对自己威胁最大的乙，这是他的最优策略。而在他的眼中，丙虽然有一定的威胁，但是因为他的枪法比较差，所以甲就不那么担心。对于乙来说，他会先开枪打对自己威胁最大的甲，其实他和甲的想法一样，先除去对自己威胁最大的，再去对付对自己威胁较小的。丙就更不用说了，他也一定会先打枪法最好的甲。这样一来经过一场混乱的枪战后，甲活下来的几率最小，可能只有10%，乙活下来的几率是20%，而丙活下来的几率却是100%，也就是说，丙将是这场枪战的最终胜利者。

现在我们再换一种游戏规则，那就是三个人轮流开枪，谁活下来的机会更大一些？其实不管谁先开枪，丙活下来的几率都是最大的。因为甲先开枪，他一定会先打乙。要是乙先开枪，他就一定会先打甲。要是丙先开枪，如果他是聪明的，他就应该谁也不打，对着天空放一枪。只要他不打中任何人，甲和乙就不会打他，那么他活下来的几率就还是最大的。

枪手博弈的故事告诉我们，在多人博弈的过程中，由于一些复杂关系的存在，往往会出现出人意料的结局。每一个参与博弈的人最终能否胜出，不仅仅取决于其自身的实力，更重要的是各方实力对比的关系以及各方所采取的策略。

在认识了这样的规律后，我们就会发现在复杂的市场竞争中，要想取得胜利获得最大的利益，就必须采取正确的竞争策略。在激烈的市场竞争中，企业与企业之间可以说经历了一场没有硝烟的战争，在这场战争中弱者并不一定就会失败，强者也并不一定就会胜利。弱者只要能够采取最适当、最准确的策略，就能击败强者并由弱转强。

沃尔玛刚刚进入零售业的时候，只不过是一个小小的超市，当时它的对手都很强大，而西尔斯就是其中的最强者。当时西尔斯在零售业中就像是一个主宰者一样，其他的超市和它相互存在又相互威胁。刚刚起步的沃尔玛也在时刻挣扎着，非常小心地走着自己的每一步。当时沃尔玛的处境就好像是进入了"枪手博弈"的环境中，因为它的实力最弱，所以才在激烈的市场竞争中顽强地生存了下来。它在发展的过程中一边小心翼翼地避开激烈的市场竞争，一边精心模仿像西尔斯这样的大型百货超市并进行新的改革。当西尔斯在激烈的竞争中变得越来越疲惫，实力越来越弱的时候，沃尔玛却悄然强大起来，最终后发制人成为全美最大的零售百货商店。

沃尔玛之所以能获胜，就是因为它在枪手博弈中选择了正确的斗争策略。因此现代企业在多方参与的竞争中，一定要认真分析各方的实力对比，还要采取正确的应对策略，这样才能取得最终的胜利。

第六章

雾里看花的经济学

田父得玉——不完全信息

魏国有一个农夫在田里耕作时，得到了一块直径足有一尺的宝玉。因为他不识货，不知道自己捡到了宝贝，回家后就把宝玉随便放在了一个地方。在和邻居聊天时，农夫把这件事告诉了邻居，邻居一听马上要求农夫带自己到他家里看看，农夫很爽快地答应了。结果邻居一眼就认出那是一块绝世宝玉，他看农夫并不识货，决定想办法把宝玉骗过来。于是他欺骗农夫说："你得到了一块不祥之物。如果把它放在家里，免不了会给家人带来灾祸，我劝你还是尽快把它丢回原处吧。"

农夫听了他的话，虽然心中有些害怕，但是没有完全相信。他还是把宝玉放在了自己家的房廊下。这天晚上，宝玉发出了耀眼的光芒，照亮了整个院子。农夫全家非常恐惧，一晚上没有睡着。第二天农夫就把晚上发生的事情告诉了邻居，其实他不说邻居也知道，因为宝玉发出的光芒也照到了邻居家，农夫全家的喊声他也听见了。

听完农夫的讲述后，邻居说："这就是灾祸的征兆啊，要想彻底避免灾祸，就必须尽快把你捡的东西扔掉。"农夫听了他的话越发感到害怕，回家后就把宝玉扔到了很远的野外。他的举动全被邻居看在眼里，宝玉扔掉没有多久，邻居就悄悄地把宝玉捡了回来。

邻居拿到宝玉后马上献给了魏王，魏王就把国内最高明的玉工招来让他鉴赏宝玉。玉工只是远远地看了宝玉一眼,就激动地向魏王行了隆重的跪拜之礼,他对魏王说:"小人恭喜大王得到了稀世珍宝,这样的宝玉小人从来都没有见过。"听他这样说,魏王就激动地问他宝玉的具体价值,玉工说:"这块宝玉是无价之宝,就算拿来五座城池也只够看上一眼而已。"

魏王听了非常高兴,马上赏给农夫的邻居一千斤黄金,另外还加封他为上大夫。

农夫由于自身知识的局限,不清楚自己捡到了一块宝玉,可是他的邻居却知道农夫捡到的是宝物,可以换来荣华富贵,于是他用花言巧语将宝玉骗到了手。邻居拿到宝玉后也不知道宝玉具体能换多少钱就献给了魏王。可是魏王也不知道宝玉的价值,于是找来玉工。好在玉工识货,于是宝玉的价值在玉工那里得到了完美的表现。这个故事告诉我们信息的重要性,如果你不掌握信息、不掌握知识,那么就算你真的拥有"宝玉",最终也会丢弃,因为你根本就不了解"宝玉"的价值。

在日常经济生活中,由于我们不能掌握完全的信息,因此我们总是免不了上当受骗,遭受不必要的损失,这种现象在经济学上被称为不完全信息。

经济学小窗口

不完全信息又被称为信息不完全,是指市场参与者不拥有某种经济环境状态的全部知识。具体来说,绝对意义上的不完全是指由于认识能力的限制，人们不可能知道在任何时候、任何地方发生的任何情况。相对意义上的不完全是指市场经济本身并不能够产生足够的信息并有效地配置它们。

东床快婿——信息对称

东晋王朝刚刚建立时，社会上有几个大家族。其中有以王导、王敦为代表的王家，以郗鉴为代表的郗家，以谢安为代表的谢家等。当时这些大家族之间有互相通婚的习惯，他们用这样的方法把几个家族捆绑起来，从而达到一荣俱荣、一损俱损的目的。

当时郗鉴任东晋的太尉，他有个宝贝女儿名叫郗璇，生得花容月貌。这一年郗璇到了婚配的年纪，郗鉴想为女儿在才貌俱佳的王家子弟中找一个如意郎君。于是，他把自己的想法告诉了丞相王导，王导听了之后也非常高兴，让郗鉴随便挑，不管挑中谁他都同意了。郗鉴得到了王导的首肯后，便和他约定第二天派人到王导家里挑女婿，希望王导能事先安排一下，王导爽快地答应了。

王导回到家后，就把郗鉴要到家里挑女婿的事告诉了自己的子侄，嘱咐自己的子侄们要好好准备一下。王家的子弟一听当朝太尉要来家里选女婿都非常激动，大家都想被选中，因为这意味着自己以后有了一座强有力的靠山。只有王羲之像个没事人一样，听完伯父的训话就回去继续研究蔡邕的书法了。

第二天，郗鉴派自己的管家到王家挑女婿，管家到王家后看到王家的子弟都刻意的打扮了一番，每个人都显得卓而不群。可是当他来到东跨院的书房时，却看到床上躺着一个袒胸露腹，边喝茶边挥扇的年轻人，管家感到非常惊奇。

管家回家后，郗鉴问他王家的子弟怎么样？管家回答说："丞相家的二十几位公子听说您要选女婿，因此都刻意打扮了一番表现得很积极。只有东床上的一位公子袒胸露腹，若无其事。"

郗鉴听了哈哈大笑，他说："我要选的就是这个年轻人。"派人一打听，才知道这个人就是王羲之。后来郗鉴亲自来到王府，看到王羲之文雅豁达、才貌双全很是高兴，当场和王导商定了婚事。这就是著名的"东床快婿"的故事。

王羲之为什么能被郗鉴选为女婿。首先是因为王家和郗家门当户对，彼此之间又非常了解，这是第一层面的信息对称。其次，王羲之将自己最真实的一面展现在别人的面前，并没有一丝一毫的隐藏，他的信息也就被郗鉴全部掌握了，而郗鉴又能够慧眼识人，这就是第二层面的信息对称。因此可以说是信息上的对称让王羲之成为了郗鉴的佳婿。

其实信息对称也是实现公平交易的根本保证，在市场条件下要想实现公平交易，那么交易的双方就必须实现信息对称。如果一方掌握的信息比另一方多，在市场信息方面占有优势，那就根本无法实现公平交易，这样的交易很可能做不成，就算做成了也是不公平的交易。不公平的交易是没有办法一直做下去的，因为没有人愿意总是吃亏。

第六章
雾里看花的经济学

经济学小窗口

信息对称是指在市场条件下要想实现公平交易，交易双方所掌握的信息就必须对称。换句话说，就是如果一方掌握的信息比较多，另一方掌握的信息比较少，那么这样的信息就是不对称的。

拒绝公主的屠夫——信息甄别

战国时，齐国有一个以屠宰为业的屠夫叫吐。有一天，齐王突然准备了丰厚的礼品，宣布要将女儿嫁给他。吐听到这个消息后吓坏了，马上停止工作闭门不出，并且还对外宣称自己已经得了重病，想用这种方法拒绝婚事。他的好朋友看到他这样做都觉得很纳闷，为什么齐王把公主嫁给他，他会不愿意。

有一个好朋友就问他："你平时辛辛苦苦地工作，每天都早出晚归，整天和牛羊猪狗打交道，弄得自己一身的腥味。现在齐王要把女儿嫁给你，真是享不尽的荣华富贵啊，你娶了公主后就可以摆脱现在的困苦生活，可是你为什么不愿意呢？"

吐回答说："我之所以拒绝这门婚事，实在是因为我知道齐王的女儿肯定很丑。"

朋友说："齐王的女儿肯定很漂亮，又怎么会很丑呢？你不要在这里瞎说了？"

吐说："我这样说是有根据的。你看我是一个屠夫，平常杀了牛就要卖牛肉。如果卖的是质量好的牛肉，那么就算我把价格定高一些，也还是会有人买的。可是如果是质量不好的牛肉，那就只能把价格降得很低，而且还要再搭上一些牛杂才能卖出去。齐王的女儿地位那么高贵，却要嫁给我这样一个地位低下的人，一定是长得很丑，不然怎么会嫁给我呢？"

朋友听完他的话也深表赞同。后来有人见到了齐王的女儿，果然是非一般的丑。

不可否认屠夫是个聪明的人，他从自己日常卖牛肉的经验中推断出齐王的女儿很丑，显示了他高超的甄别信息的能力。同样，我们每天在买东西或是做生意时，都会接收到许多来自四面八方的真真假假的信息，这时怎么才能知道哪些信息是真的哪些是假的呢？这就需要拥有甄别信息的能力，对自己所接收到的信息进行认真的判断，区分出真假。只有这样才能做出正确的决定，才能取得成功。如果连信息的真假都分不清，那就只能失败。

经济学小窗口

甄别信息的方法有以下几种。

（1）向权威机构进行核实。

（2）根据信息的来源、途径进行判别。

（3）根据自己原有的经验进行判别。

（4）尽量多渠道地获取信息。

（5）不要盲目地相信自己得到的信息。

所罗门王判案的故事

有两个妇女共同争夺一个孩子,她们都宣称孩子是自己的,很多人都无法判断。于是他们被带到了神圣的所罗门王面前,她们在所罗门王面前依然坚称孩子是自己的。所罗门王便让人拿来了一把刀,所罗门王拿着刀对那两个妇女说:"你们都宣称孩子是自己的,我也实在没有办法判断,所以我决定把孩子劈成两半,分给你们一人一半以示公平,你们看这样做可以吗?"

其中一个妇女说:"这样做很公平就这样做吧。"另一个母亲痛苦地说:"我实在不愿意看到我的孩子被劈成两半,大王我不想再争了,还是把孩子给她吧,让孩子好好地活下去。"

所罗门王听了她们的话,马上命人把第一个妇女抓起来,然后把孩子给了第二个妇女。因为他知道真正的母亲是绝对不会忍心看着自己的孩子被劈成两半的。

九方皋相马——提取有效信息

伯乐晚年时为秦穆公服务,有一天秦穆公问他:"您的年纪已经大了,子侄中有没有能够接替您去寻找好马的人?"

伯乐回答说:"我的几个子侄都是愚笨之人,只懂得辨别一般良马的方法,却不懂辨别千里马的方法。因为一般好马从外形、容貌、筋骨方面就能看出来。可是千里马却是恍恍惚惚,好像有也好像没有,它跑起来就像飞一样,一点灰尘没有,没有踪迹可寻,因此它很难辨别。有一个叫九方皋的人曾经和我一起挑过马,我对他很了解,知道他相马的本领比我高多了。您如果想得到千里马,就一定要把他找来。"

秦穆公一听非常高兴,马上下令寻找九方皋。很快九方皋被找来了,秦穆公亲自接见了他,并给他非常优厚的待遇,然后派他出去寻找千里马。九方皋愉快地接受了任务,三个月后他回来对秦穆公说自己找到了千里马。秦穆公就问他:"是一批什么样的马啊?"九方皋回答说:"是一匹黄色的母马。"

于是秦穆公就让人把马牵过来看看,却发现是一匹纯黑色的公马。秦穆公非常生气,他把伯乐找来对他说:"您推荐的人水平太差了,连马的颜色和性别都分不清,这样的人又怎么能帮我找到千里马呢?亏您还那么称赞他。"

伯乐听了秦穆公的话，非常惊奇地说："真是不可思议啊！难道九方皋相马的境界真的有这么高吗？他所观察到的是马的内在的素质和精妙之处，已经完全忘记了它的外形、颜色和性别。他只看见了自己需要看见的，看不见自己不需要看见的东西。他这样的相马技术，真的比我高出几万倍啊。"

秦穆公听了他的话将信将疑，暂时派人饲养训练九方皋带回的那匹马，结果证明这匹马真的是天下难得的千里马。

九方皋在相马时能够一眼看到马的本质，而无视马的外形、颜色、性别，他只看到那些有用的信息，看不到那些无用的信息。同样在市场经济中，作为市场经济的参与者每天都要接触到各式各样的信息，在这样的情况下很多人因为被信息的外表所迷惑，而没有看到问题的实质，没有提取到有效信息，因而落后于人，甚至是被人欺骗。要想在市场经济中立于不败之地，就一定要像九方皋那样善于抓住问题的本质，从纷繁复杂的信息中提取到对自己有用的信息。

回味无穷

有两家制造鞋子的工厂，为了开拓市场分别派业务员到非洲去考察。其中第一家工厂的业务员到非洲后调查了很多地方，发现大部分人都不穿鞋，于是他就飞回总部，向公司报告说大部分人都不穿鞋，所以市场很小，没有多少生意可做。第二家工厂的业务员到非洲后，看到的情况和第一家工厂的业务员看到的一样，他却马上发电报给总部说："居民大多没有鞋穿，市场非常大。"

第六章
雾里看花的经济学

穿井得人——信息失真

春秋时有个姓丁的宋国人，因为家里没有水井，所以要吃水时就要派一个人到外面去打水。这样做不仅不方便，而且还多浪费一个人工。于是这家人集中人力物力，在自己家的院子里打了一口井，从此之后就再也不用派人到外面去打水了，也就等于是省下了一个劳动力。

于是这个姓丁的人就对邻居说："我家打井后节省了一个人的劳动力。"可是他的这句话在传播的过程中慢慢地走样了，最后整个宋国的人都听说，丁家的人打井时得到了一个人。于是全国都开始议论这件事，最终惊动了宋国的大王。宋国的大王马上派人去丁家调查这件事，丁家的人回答说："我们是说在家里挖了井之后，省下了一个人的劳力可供使用，从来没有说过在井中发现了一个人。"

最原始的信息是打井省下了一个人的劳力，可是信息在传递的过程中却严重走形，最终居然变成"在井里发现了一个人"。这说明信息在实际的传递过程中往往会发生以讹传讹的情况，没有办法保持原来的样子，这就要求人们对自己听到的信息进行认真的辨别。

在日常生活中，如果你所要传达给对方的信息失真了，那么你就有可能遭受巨大的经济损失。因此我们应该充分利用现代信息技术，尽量减少信息传递的中间环节，这样就能降低信息在传递过程中因为失真而产生的巨大损失。除此之外，你还要努力建立一套避免信息失真的保障制度，对那些专门制造虚假信息的人给予相应的处罚。

回味无穷

楚国有一个善打飞禽的猎人，挑着自己打来的山鸡进城去卖。一个过路的人看到山鸡的羽毛非常漂亮以为是凤凰，于是就出了两千金把所谓的"凤凰"买了下来。过路人觉得凤凰是祥瑞的象征，如果把它献给楚王，楚王一定很高兴并会给自己很多的赏赐。可是就在他一心一意要把"凤凰"献给楚王的时候"凤凰"却死了，他很伤心逢人就说这件事。

很快这件事就传遍了整个楚国，楚国的人都死心塌地地认为卖得贵得离谱的山鸡是凤凰。很快这件事也传到了楚王的耳朵里，楚王觉得那个过路人对自己很忠心，于是就大大地褒奖了他，结果那个过路人得到的赏钱比买山鸡的钱多了很多。

第七章

一手遮天的经济学

生木造屋——政府要尊重市场规律

宋国的大夫高阳应想为自己兴建一座房屋,他派人在自己的封邑内砍伐了很多的木材,准备用于建造房屋。木材刚运到他就急不可耐地派人去请工匠,打算马上动工。

工匠看到地上堆放的木材还带着枝杈,而且树干还很湿,这样的木材是不能用于盖房的。于是对高阳应说:"高大夫,目前还不能开工。这些刚砍下来的木料含的水分太多,质地柔韧,抹上泥后因为承受不了泥的重量就会变形。用这样的木材盖房子,刚开始的时候和用干木料盖的房子差别并不大,但是时间一长,这样的房子会倒塌的。"

可是高阳应根本听不进去工匠所说的话,他自作聪明地对工匠说:"我明白你说的,其实就是存在一个湿木料承重以后容易弯曲的问题。可是你没有想到湿木料干了之后会变硬,稀泥巴干了之后会变轻的道理。等房子盖好了,过不了多久木料和泥巴都会变干,那时候房屋就是用变硬的木料支撑着变轻的泥土,又怎么会倒塌呢?"

工匠们听到高阳应的这番言论后,没有办法反驳,于是只好遵从高阳应的吩咐。虽然在湿木料上做工很不方便,但他们还是努力克服了种种困难,把房屋造好了。

高阳应刚住进新房子的时候非常高兴,他认为这是自己用智慧说

服工匠的结果。可是时间一长，他就发现自己的新房子开始倾斜了，他开始变得忧心忡忡。一家人很怕在晚上睡觉的时候房子突然倒塌，于是就从这座新房子里搬了出去，没过多久新房子就倒塌了。

这个故事告诉我们，任何人做任何事情都必须尊重实践经验和客观规律，不能一味地主观蛮干，政府也不例外。

我们都知道，市场经济是以市场调节为主的经济体制，它提倡市场主体特别是政府要尊重经济规律，严格地按经济规律办事，绝对不能按照自己的主观意愿去办，任何凭借"拍脑袋"不计后果的决策都必须彻底地改变。政府应该从无端的管制走向科学的服务。

政府只有在尊重客观规律的基础上，才能正确认识和有效发挥自己对市场经济秩序的积极作用，有效地弥补市场自身存在的缺陷，解决市场失灵的问题。

政府可以在尊重市场规律的基础上利用财政货币政策，实现经济的稳定增长；通过公共财政向老百姓提供公共产品，满足社会的公共需求；通过税收、补贴、转移支付等手段去缓解社会分配不公的矛盾；利用赋税、补贴等办法，消除市场的外部经济负效果，恢复市场的活力和效率；通过制定法律法规，限制垄断，保护竞争，有力地维护市场经济制度的基础。

回味无穷

曾经是美国首富的保罗·盖蒂年轻的时候很穷，只有一块收成很差的旱田。为了解决灌溉问题就在田地里打水井，没想到却冒出了石油。于是他马上把水井改成了油井，农田改成了油田。从银行里贷了款，增添了设备，雇用了工人，就这样搞起了石油开采。

后来当他在工地上巡视时，发现油田监管人员都不尽力地干活，每天都漫不经心的。他并没有动怒而是请教了一位经济学家，那位经济学家的一句话点醒了他："因为油田是你的而不是他们的。"盖蒂先生立刻明白了，他马上把工头们召集起来宣布："从今天起，油田就交给你们负责经营，收益的25%归你们支配。"从此之后，工头们的积极性被充分调动起来，再也没有出现偷懒和浪费的现象。油田一派欣欣向荣的景象，财源滚滚而来，盖蒂也因此成了石油大王。

如果你以为保罗·盖蒂能成为美国的石油大王，是因为从他家的地里挖出了石油，那你就大错特错了。他挖出了比石油更宝贵的东西，那就是员工的生产热情。

第七章
一手遮天的经济学

杯弓蛇影——政府要对症下药

西晋时有个官员叫乐广，是当时的大名士。他有个好朋友经常来找他聊天，两个人一起谈论天下大事。突然有一段时间，这个朋友不来找他了，他也没有这个朋友的一点消息，心中很是惦念。于是就直接登门拜访，看到好友半躺在床上脸色蜡黄，就知道得了重病。他问朋友得了什么病，开始的时候朋友还支支吾吾不肯说，经不住他的再三追问就告诉他说："那天我在您家喝酒，忽然看见酒杯里有一条红花青皮的小蛇在游动。当时我觉得非常恶心，本来想不喝，但是看到您诚恳地劝饮，我不想辜负您的好意，出于礼貌我非常不情愿地喝了那杯酒。从那以后，我老感觉自己腹中有条小蛇在乱窜，因此什么东西也吃不下，到现在病了快半个月了。"

乐广听了朋友的话，心里非常疑惑，他想酒杯里怎么会有小蛇呢？可是朋友却说自己看见了小蛇，这是怎么回事儿呢？回到家后，他在会客厅里来回踱步，分析其中的原因。不经意间看见了墙上挂的一张青漆红纹的雕弓，他想会不会是这张雕弓在捣鬼？于是，他斟了一杯酒在桌上来回移动，终于看见雕弓的影子清晰地投映在酒杯中。随着酒的晃动，果然有一条青皮红花的小蛇在游动，这才明白原来朋友所说的小蛇只是雕弓的投影而已。

为了解除朋友心中的疑惑，他马上用轿子把朋友接到家中。请他仍旧坐在上次饮酒的位置，仍然用上次的酒杯为他斟了满满一杯酒，问道："你再看看酒杯中有什么东西？"朋友低头一看，马上惊叫起来："蛇！蛇！又是一条青皮红花的小蛇！"乐广听了他的话哈哈大笑，指着墙上的雕弓说："你抬头看看那是什么？"朋友看看墙上的雕弓，再看看杯中的蛇影，顿时恍然大悟，觉得浑身轻松，病也全好了。

乐广的朋友因为弄清楚了，所谓的小蛇只不过是墙上雕弓的投影后，病马上就好了。这说明要想把病治好，就必须对症下药。同样，国家在对国民经济中所存在的问题进行宏观调控时，也必须对症下药，这样才能药到病除，做个好医生。如果没有弄清楚生病的原因就想当然地乱开药，白白浪费钱不说，还会把宝贵的治疗时间浪费掉，让问题变得更严重，甚至会造成新的问题。

因此，政府在对宏观经济进行调控时，应该根据市场情况和各种调节措施的具体特点，灵活地选择一种或是几种调控措施，要根据不同的症状选用不同的政策配方，做到对症下药。还要注意善于将不同的药搭配起来使用，这样既省时省力，又能收到意想不到的效果。此外，只有密切关注国民经济的一切变化，保持国民经济的持续和健康发展，才能算是一个好政府。

经济学小窗口

宏观调控是指国家实施政策措施以调节市场经济的运行。在市场经济中，商品和服务的供应以及需求是受到价格规律以及自由市场机制影响的。市场经济带来了经济增长，但会引发通货膨胀，而通货膨胀后所跟随的衰退则让经济出现停滞甚至是倒退，这种周期波动对社会资源及生产力都造成了严重的影响。所以宏观调控是着重以整体社会的经济运作，通过人为调节供应与需求的方式，来达到计划经济的目标。

回味无穷

只借一美元

一个商人来到一家大银行贷款部，对贷款部的经理说："麻烦您，我想借点钱。"贷款部经理很客气地说："完全可以，不知道您想借多少呢？"这位商人说："一美元，可以吗？"

贷款部经理觉得有些不可思议，眼前的商人看上去非常阔绰，一身名贵的西服，昂贵的手表，还有镶宝石的领带夹。可是他为什么只借一美元呢？难道这只是一种试探吗？试探我们银行的工作质量和服务态度。想到这里他马上装出非常高兴的样子说："当然可以啊，只要您有担保，无论借多少都可以。"

商人听了他的话，马上从自己豪华的皮包里取出一大堆股票、债券，放在贷款部经理的办公桌上。贷款部经理很专业地清点了一下，然后他对那个商人说："先生，这里的票据总共价值五十万美元，做担保已经足够了。不过您真的只借一美元吗？"商人说："是的，我只需要一美元。"于是经理为商人办理了贷款手续。

当商人准备转身离开时，银行行长从后面快步追了上来。他问那个商人:"先生,请原谅我的冒昧,我实在弄不懂,您拥有五十万美元的资本,为什么还要借区区一美元呢?"

商人回答说:"我到这里来其实是想做一桩生意,可是随身携带这些票券很麻烦,租金库的租金实在太昂贵了。可是只要我贷一美元,一年的利息只有一美分,就可以把这些票据以担保的形式寄存在贵行,这是多么合算啊。"

银行行长听了他的话,不由得对他竖起了大拇指,由衷地感到敬佩。

第七章
一手遮天的经济学

君子协议——政府的价格干预

陈斌住的前刘庄村的村民们每年都种苹果，旁边的后刘庄村的村民们每年都种桃子。到了水果成熟的季节，两个村的村民就会拿着自家种的水果到集市上去交换。因为苹果和桃子的价格每年都大致相同，所以通常都是一斤苹果换一斤桃子，一直以来都是如此，两个村子的村民每年都有两种水果吃。

但是有一年却出现了意外情况。那年，后刘庄的桃子大丰收，产量是往年的两倍，可是前刘庄苹果的产量还是和往年一样。当陈斌拿着自家产的苹果到集市上，按一斤苹果换一斤桃子的老规矩和后刘庄的村民交换时，他发现市场的情况和以前不同了。市场上明显桃子多苹果少，大部分前刘庄村民已经把手里的苹果换完了，市场上的桃子还有很多。于是陈斌停止了交换，开始静静地观察市场的情况。

没过多久，市场上有苹果的前刘庄村民越来越少，还没换到苹果的后刘庄村民开始着急了。他们看到陈斌那里还有很多苹果就要求和他交换，于是陈斌提出两斤桃子换一斤苹果，后刘庄村民虽然觉得这样有违规矩，但是为了能得到苹果还是同意了。后面的人看到苹果越来越少，怕自己换不到就提出愿意以更多的桃子去换苹果，陈斌当然乐意了，就将自己的苹果全部换成了桃子。手中还剩余苹果的前刘庄村民看到陈斌这么做，也都纷纷效仿，结果苹果涨价了。

这一年，陈斌用和往年一样的苹果换回了比往年多的桃子。而后刘庄的村民却用比往年多的桃子换回了和往年相同的苹果，甚至是更少。这件事让后刘庄的村民很不高兴，特别是那些付出了更多的桃子才换得苹果的村民。于是两个村的村长坐在一起协商，他们代表各自的村子签下了君子协议，规定以后一斤苹果只能换一斤桃子，任何人都不许乱涨价。

君子协议签下的第二年，前刘庄的苹果遇到了严重的虫害，产量只有原来的一半，可是后刘庄桃子的产量却没有发生改变。这一年赶集时，陈斌和前刘庄的村民带着只有往年产量一半的苹果去市场交换，而后刘庄的村民却带了和往年一样多的桃子。虽然市场上明显苹果少桃子多，但是因为签订了君子协议，所以大家还是用一斤苹果换一斤桃子。可问题还是出现了，有一半的后刘庄村民没有换到苹果。没有换到苹果的村民非常不高兴，可是村长能做的也只是动员有苹果的村民匀出一些苹果给没有苹果的村民，结果村民们非常不满。

上面的这个故事，反映了日常生活中的一个非常重要的经济现象就是物价上涨。从上面的故事中我们可以看出，物价上涨的最根本的原因并不是有人哄抬物价，而是因为商品少钱多，所以物价才会上涨。这和苹果少桃子多导致苹果涨价是一个道理。

商品少了，商品就更加值钱；钱多了，钱就更加不值钱，因此商品就会不断地涨价。看到这里，会有人问现在的商品并不少啊，为什么也老涨价。这是因为虽然商品不少，但是市场上流通的钱比原来多了好几倍，因此商品还是会涨价。

在商品不断涨价的时候，老百姓照例会有一片抱怨之声。因为原来可能一元钱能买两根葱，现在一元钱可能只能买半根葱，相同的钱买到的东西越来越少，这就是老百姓抱怨的原因。有时候政府为了缓解老百姓的怨气，也会采取一些临时措施去限制商品价格的增长。其中最常见的就是临时价格干预，就是政府发一个文件，给某些商品规定一个最高的价格上限，用这样的方法去限制商品的涨价。

其实政府出台这样的政策无可厚非，但是价格干预真的能够抑制物价的上涨吗？恐怕很难。在当前世界性通货膨胀的环境下，物价的上涨是必然的。想要让物价下跌，就必须减少市场上货币的数量，让它达到一个合适的程度，这样才能有效地抑制物价的上涨。相反，人为地强行限制商品的价格，只会违背市场规律，造成非常不好的效果。

比如，如果政府只限制物价而不增加商品的数量，那么就会在市场上造成恐慌，大家会觉得被限制价格的商品一定还会涨价，因此大家就会赶在涨价之前进行抢购（恐慌性消费），这样一来这种商品就会更加快速地涨价。如果既限制商品的价格又限制老百姓购买商品的数量，那么政府就要干预具体的分配问题，但是要想弄清楚谁具体需要多少商品是很难的。如果坚持平均分配，就会造成需要的人因为得不到足够多的商品而影响生产和生活，不需要的人白白地闲置商品，造成极大的资源浪费。

除此之外，价格干预就算一时有效，也会留下后遗症。从长远的角度来看，它一定会损害公众的利益。

所以说，政府的价格干预不一定就能取得好的效果，面对通货膨胀下的物价上涨，我们要有足够的耐心去面对。

经济学小窗口

临时价格干预是指政府为了防止经营者利用市场波动而串通涨价或是哄抬物价，保持物价水平的基本稳定而采取的强制措施。

第七章
一手遮天的经济学

失信于人——政府信用

陈通是上海某国企的下岗工人，长期失业在家。因为长时间在家无所事事，就经常和人一起打牌，起初大家纯粹是消磨时光，所以并不赢钱。时间长了，他们觉得应该有点彩头才有意思，于是打牌就渐渐变成了赌钱。开始还只是小赌，慢慢地就变成了大赌。他有时输有时赢，总地来说是赢少输多。赢的时候还想再赢，输的时候还想把输的捞回来，时间一长陈通就变成了一个职业赌徒。家人看他不务正业，就苦口婆心地劝他戒赌。开始的时候他根本不听，最终家人没有办法便以死威胁，他才发誓再也不赌了。

开始一段时间他果然戒赌了，也非常勤奋地找工作，可是时间一长就有些手痒。过年的时候走亲戚，人家打麻将正好三缺一就叫他参加，他马上就高兴地答应了。家人悄悄地提醒他："不是已经戒赌了吗？"他说："和亲戚一起打麻将，怎么能说是赌博呢？就这一次，下不为例！"结果他赢了两百元钱，非常高兴。

过完年他找到了一个新工作，这个工作经常需要值班。值班时几个同事闲得无聊就打牌玩，于是他也忍不住参加了。家人知道后责问他，他说同事打牌缺人，让我一起玩，我要是不答应就是不给同事面子，只此一次下不为例。家人听他这么说，就相信他了。可是没想到，没过几天他又和同事们一起打牌了。每次家人责问他，他都说下不为例。

时间一长家人就再也不管他了，只是尽量地把家里的钱全收起来，不让陈通接触到一分钱。没过几天，陈通发现了问题。他对家人说："我诚心诚意地戒赌，你们怎么都不帮我啊？"家人说："等你真的真心戒赌的时候，我们再来帮你，只是怕到时你已经被警察抓走了。"

陈通虽然表示要戒赌，让家人帮自己，可是他的所作所为代表他是一个没有信用的人。他几次三番为自己找借口，每一次都推翻自己所说的话，最终让家人对他失去了信任。家人对他失去信任的结果是已经不想再理睬他了，他说什么话家人再也不会信了，这就是一个人失去信用后所要面对的后果。

一个人失去信用后会让他什么事都做不成，那一个政府失去信用后又会怎么样呢？一个政府如果失去信用，那么它所实行的公共政策就会完全失败。

其实一个政府建立信用并不是一件容易的事，因为所有的政府每天都在面对着各种不同的问题，因此有时候政府针对一些情况所作出的决定看上去是很合理的，但是最终却会失去老百姓的信任。一旦老百姓不相信政府的长期政策，那么老百姓的行动都会变得短期化，如果出现这样的情况，情况就会变得非常复杂，时间一长政府和老百姓之间就会互相埋怨。政府认为出台政策本来是为了给老百姓解决问题，可老百姓的行为却总是在抵抗政策。而老百姓却觉得政府的政策老是在改变，让人们根本无所适从，因此他们也只有不断地改变。

政府要想真正地建立信用，在制定政策的时候就要尽量想得长远一些，把制定政策的假设和期望实现的目标考虑清楚。政策一旦确定后，只要不出现重大的变化，就坚决不能变动。短期内的市场走势和情形未必就和事先想象的一样，这时绝对不能因为有了一点风吹草动就去改变政策，这样做只能失去老百姓的信任。其实信用是用长期的坚持换来的，只有甘心承受一时的损失才能换来长期的回报。为什么做生意的人最崇尚的是童叟无欺，因为这样的信用可以为自己换来一块金字招牌，而这块金字招牌可以为你带来巨大的利益。

政府要想让老百姓相信，就必须说话算数。说戒赌就必须戒赌，千万不要找任何借口。在国家政策上根本就没有什么特殊情况可言，一旦实施了某项政策，就一定要坚持，不要动不动就改变政策。

经济学小窗口

政府信用是社会公众对一个政府遵守约定的意愿、能力和行为的评价，是在政治委托和代理关系中产生的代理人信用，反映了老百姓对政府的信任度。

政府信用是社会信用体系的一个主要内容，也同样强调言行的客观后果，考量政府行为对公众和社会的影响，同时又不得不顾及公众和社会对其的看法和态度。政府信用需要靠政府的自觉、政府的良知和行为的自主性来建立，需要提高政府能力、克服信任危机和提升政府形象。

真实的身份

　　一个小动物园里新来了一只小老虎,在它旁边的笼子里关着一只看上去快要病死的老老虎,整天蓬头垢面地躺着睡觉。

　　小老虎自言自语地说:"它哪像一头老虎啊,应该说它是一只病猫!"

　　小老虎向游人不停地咆哮着,想要冲破铁栏杆,它把老虎的本性完美地展露了出来。好不容易等到了吃饭的时间,动物园的饲养员带来了一大块肉,小老虎以为是给自己的,可是没想到那块肉却被扔进了老老虎的笼子,小老虎最终得到的只是一点坚果和几根香蕉。

　　小老虎十分惊讶,它从来没有受到过这样不公平的待遇,它生气地对老老虎说:"我才像个真正的老虎,而你除了躺着之外什么也没干!"

　　老老虎慢悠悠地告诉它:"你刚来还不了解这里的情况。这是一个小动物园,他们养不起两只老虎,因此在他们的名册上,你还是一只猴子。"

修建长城——公共物品

秦始皇完成国家的统一后，做了许多大事，其中最为重大的一件事就是修筑长城。

秦始皇将国家统一后并没有松懈下来，他有很深的危机感，一直在思考怎样让自己的统治长久。于是他进行了很多的举措，同时还不断地外出巡视，在巡视的过程中他遭到了暗杀。因此他变得非常恐惧，幻想着有一种力量能够让他长生不老，让他建立的国家永远存续下去。

正是因为这样的想法，秦始皇被燕地一个叫卢生的方士给蒙骗了。卢生对秦始皇吹嘘说自己能够找到神仙，秦始皇相信了他的谎言，就派他到海上去寻找神仙。可是卢生哪里能找到神仙，因此在海外的小岛上转了一圈又回来了。他回来后对秦始皇说了一番歌功颂德的话，可是秦始皇对这样的话根本不感兴趣，就再次派他出海找神仙。

这次卢生觉得如果不拿出点实际的东西，秦始皇非杀了自己不可，于是就编造了一本《录图书》，这本书上记载了一个预言"亡秦者胡也"。秦始皇看到这个预言后非常警觉，他认为预言所说的意思是灭亡秦王朝的是胡人，也就是匈奴人。秦始皇很快就采取了行动，他派大将蒙恬率领三十万大军北征匈奴，把匈奴从河套平原逐出，一直把他们赶到阴山以北。

赶跑了匈奴之后秦始皇仍然不放心，他为了防范可能会出现的祸患，不惜血本地征用了七十多万民工，开始修筑西起临洮东到辽东的万里长城。还下令将赵国、秦国、燕国、韩国原有的长城连接在一起，然后又增加很多新的长城，想用长城来抵挡住匈奴的进攻。为此他还专门修建了运兵的直道，保证秦军可以在三天三夜之内直抵阴山打击匈奴。

长城修好后，在一定程度上抵御了匈奴的进攻。可是秦朝虽然没有亡于匈奴这个"胡"人之手，却最终亡在了秦二世"胡"亥之手。

应该说秦始皇修筑长城的目的是为了让自己一手缔造的秦王朝不被匈奴所灭，抵御匈奴的进攻，可是长城在客观上也起到了保护老百姓的财产不受匈奴劫掠的作用，因此长城对于当时的秦王朝来说属于国防类的公共物品。

这类物品私人是不愿意提供的，同时也没有单独的个人有能力去完成如此庞大的工程。这类物品通常都发挥着非常重要的作用，因此只能由国家或是某种社会公共机构来提供。在修建长城这样的大型国防工程的时候，只有依靠政府来组织修建，个人没有能力也不允许修建这样的大工程。这样巨大的公共物品虽然加重了老百姓的负担，但是它在抵御外敌入侵时也发挥了巨大的作用。

经济学小窗口

公共物品是指公共使用或是消费的物品。它是可以供社会成员共同享用的物品，严格意义上的公共物品具有非竞争性和非排他性。

非竞争性是指某一个人对公共物品的消费并不会影响他人同时消费该产品及其从中获得的效用。也就是说在一定的生产水平下，为另一个消费者提供这一物品所带来的边际成本为零。

非排他性是指某人在消费一种公共物品的时候，不能排除他人也消费这一物品，或者说排除的成本很高。

贪污之王——寻租

和珅是著名的"贪污之王",可以说是我国历史上最大的贪官。他出身于一个落魄的满族官僚家庭,在幼年时遭遇了极大的不幸,三岁丧母,九岁丧父,从小和弟弟和琳相依为命。自幼在咸安宫刻苦学习,精通满、汉、蒙、藏四种语言,再加上其外表俊美儒雅,因此深得老师吴省钦、吴省兰的器重。

十八岁时和珅得到直隶总督冯英廉的赏识,将其孙女嫁给了他。之后他参加了科举考试,但是名落孙山,随后他以生员的身份承袭了祖上留下来的三等轻车都尉的职务。由于他精明能干,二十二岁时被提拔为三等侍卫,二十三岁时被调到乾隆皇帝身边担任仪仗队的侍从。一次偶然的机会,他在乾隆皇帝面前展示了自己的才学,由此得到了乾隆皇帝的赏识,二十六岁时被任命为管库大臣,负责管理皇室的布库。他从这份工作中学到了如何有效地理财,他勤恳地工作,让布的存量大大增加。因此被乾隆皇帝多次提拔,在乾隆四十一年时成为工部侍郎、内务府大臣,而且还进入了军机处。

在随后的两年里,他一方面积极地在乾隆皇帝面前展示自己的才能,另一方面又想尽办法讨好乾隆皇帝,对待乾隆皇帝就像对父亲一样尊重。他花费大量的心思去研究乾隆皇帝的一言一行,他所说的话全都符合乾隆皇帝的心意。而且他为官非常清廉，因此乾隆皇帝越来越器重他。

后来，他又亲自查办了云贵总督李侍尧贪污案，因功被加封为户部尚书。随后他的儿子丰绅殷德又娶了乾隆皇帝最喜爱的十格格，和乾隆皇帝成为了亲家。于是，朝廷里很多官员都开始巴结他，给他送礼。开始的时候他还能拒绝，但是日子一长就经不起诱惑，开始大肆收受贿赂，而且还贪污国家的公款。他为了保证自己不被别的官员弹劾，就广结党羽，培植自己的势力，积极地打击政敌，就这样以他为首的贪污集团建立了。

为了敛财和珅创造了很多高明的敛财方法。比如议罪银制度，那些犯了罪的官员通过花钱来赎罪，和珅通过这一项制度就聚敛了无数的钱财。另外他还掌握崇文门的关税，这些税收本来是国家的，他却把大部分装入了自己的口袋。还有清朝的属国以及各地的官员进献给乾隆皇帝的宝物，都是经他的手递上去的，他总是把好的留给自己，把次品献给乾隆皇帝。

当时很多官员都会给他送去大量的金钱，以求得到自己想要的职位。他用这种方法不但聚敛了大量的钱财，也把那些同流合污的官员安置到了比较重要的岗位上，为自己保驾护航。

当时天下所有人都知道和珅是贪官，但年老的乾隆皇帝就是宠爱他，谁的反对意见都听不进去，因此他就更加有恃无恐。这一切都引起了嘉庆皇帝的嫉恨，因此乾隆皇帝一去世，嘉庆皇帝就将和珅抓进监狱，很快就将他赐死了。

和珅利用乾隆皇帝对自己的宠爱，利用乾隆皇帝赋予他的权力大肆贪污受贿，这在本质上是其利用自己所掌握的公权力去换取特殊的利益，这种现象在经济学上被称为"寻租"。

寻租行为其实就是一些人利用自己手中所掌握的权力或者是资源去追求更大的利益，这种行为只是一种权力和利益的交换，没有办法给社会带来收益，更没有办法提高全体社会成员的福利。同时这种行为还很有可能导致贪污腐败的产生，就像现在很多被曝光的贪官一样，利用自己所掌握的权力去为别人大开方便之门，同时自己也能得到不正当的利益。

因此在经济生活中，我们要坚决抵制这种行为，寻租最终会损害到消费者的利益。因为那些行贿者肯定会将自己行贿的成本转嫁到消费者身上，让消费者没有办法享受到物美价廉的商品。其实这很容易理解，比如，房地产商想要获得一块土地，如果他不想通过正规的手段竞争，那就一定会给负责的官员送钱。而这笔钱就是成本，会分摊到以后建成的房屋里，因此消费者在购买房屋时就要多付钱。

经济学小窗口

政府运用行政权力对企业和个人的经济活动进行干预和管制，妨碍了市场竞争发挥作用，从而导致少数有特权的人利用自己手中的权力去获得超额的收入。这种超额的收入被称为"租金"，谋求这种权力以追求租金的活动被称为"寻租"。

盐铁官营——垄断

汉武帝在位时频繁发动对外战争，造成国库空虚，人民困乏的局面。钱没有了，仗也就没法打了，因此汉武帝很着急，就让主管财政的大臣桑弘羊想办法。桑弘羊经过认真的思考，向汉武帝提出了仿照春秋时管仲"官山海"的政策，实行"笼盐铁"，也就是盐铁专卖政策。具体来说就是盐和铁由国家掌握，老百姓想买盐和铁，就必须从政府手里买，别的人不能卖盐和铁。如果有人私自卖盐和铁，那就是走私，要处以重刑。

盐专卖的具体做法是，国家鼓励老百姓从事食盐的生产，政府向他们提供主要的生产工具，老百姓将盐生产出来后由政府统一收购，不可以私自买卖。国家在全国各地都设立盐肆并委派专门的官员进行管理，负责向老百姓出售食盐。在政府没有力量设置盐肆销售食盐的地方，允许一些商人代为销售，但是食盐的价格必须是国家规定的价格。

铁专卖的具体做法是，铁矿的开采、冶炼、锻造也全都由国家来控制，所得到的铁制产品全都归国家所有，由国家设置专门的官吏负责销售。

盐和铁的价格都由政府统一规定，用这样的方法保持价格的稳定。

任何人都不能私自铸铁煮盐，如果有人违犯，就没收工具、处以重刑。

为了让盐铁专卖得以顺利进行，汉武帝还任命大盐商、大铁商孔仅和东郭咸阳担任盐铁丞，并且在盐铁的产地设置盐官和铁官，负责盐铁的生产和收购。在那些不出产盐铁的地方设立小盐官和铁官，负责盐铁的销售和回收废铁。

盐铁专营所得到的巨额收入被上缴到中央政府，西汉政府的国库也因此变得再次充实起来，汉武帝得以继续打击匈奴，开通西域以及开发西南地区。盐铁专营有力地维护了国家的统一，让西汉王朝变得更加强大。这项举措打击了巨商大贾，在一定程度上抑制了豪强兼并，对平民的生活有所帮助，对农业、手工业的发展都有比较大的好处。也让诸侯国的经济实力大大削弱，他们再也没有力量和中央政府抗衡了。

现在来看，桑弘羊所提出的盐铁专营其实就是一种政府的垄断经营。西汉政府通过这种垄断经营提高了财政收入，捍卫了国家的利益，这是垄断好的一面。这种政府对某些行业的垄断其实是很常见的，比如，我国政府对交通、石油、通信等行业的垄断经营。垄断经营除了政府依靠手中的政治权力对某些行业进行垄断外，还有某些经济实力非常雄厚的大企业对某些行业所进行的垄断。垄断有好的一面，也有不好的一面。比如，有些垄断性的企业依仗自己在行业内的垄断地位，将商品的价格定得很高，用这种方法去谋求暴利。面对某些大企业的垄断行为，个别的消费者真的是无能为力。但这并不表示消费者就只能被动地忍受垄断者的剥削，因为当垄断严重妨碍到市场秩序的时候，国家就会通过法律的形式去制裁垄断者的不法行为，打破市场的垄断局面。

第七章
一手遮天的经济学

经济学小窗口

垄断是指少数大企业凭借自己控制的巨额资本、足够的生产经营规模和市场份额,通过协定、同盟、联合、参股等方法,操纵与控制一个或是几个部门的商品生产或是流通,以获取高额的利润。

石崇与王恺斗富——垄断的弊端

晋武帝司马炎统一全国后完全被胜利冲昏了头脑，他觉得天下已经平定，自己再没有必要像以前那么辛苦了，到了该享福的时候了。于是终日沉湎于荒淫的生活，在他的带领下奢靡之风很快盛行，人们纷纷以奢侈富贵为荣。

当时西晋的都城洛阳，有三个著名的大富豪。一个是掌管禁卫军的羊琇，一个是晋武帝的舅舅王恺，一个是散骑将军石崇。羊琇和王恺都是外戚，后台很硬，权势很大。可是他们却没有石崇富有，没有人知道石崇具体有多少钱，谁也说不清。

石崇原来在外地做官，后来被调到了洛阳。他来到洛阳后听说王恺很富有，就决心要和他比上一比。他听说王恺家用糖水洗锅，于是就用蜡烛当柴烧。这件事传开后，洛阳的人都说石崇比王恺有钱。

王恺听说后非常生气，决心把石崇比下去。于是他就在自己家门前的大路两旁，用紫丝编了四十里长的屏障，谁要去他家都要经过这四十里的屏障。这样奢华的装饰马上轰动了整个洛阳城，王恺非常地得意。可是他很快就得意不起来了，原来石崇用更为贵重的彩缎编了五十里长的屏障，比王恺的更长更豪华。

王恺听说后感觉很没面子，但他并不甘心就这样善罢甘休，于是

第七章 一手遮天的经济学

他就向自己的外甥晋武帝请求帮忙。晋武帝觉得这件事很有趣，就从宫里拿出了一株两尺多高的珊瑚树赐给他，好让他在众人的面前赢回面子。

王恺得到晋武帝的帮助后劲头就更足了，他特意请一大批官员、名士，当然还有石崇到自己家里吃饭。在宴席上王恺得意地对大家说："我有一件罕见的珍宝，想请大家帮忙鉴赏一下。"大家一听是珍宝，就都急切地表示想要观看。于是王恺非常得意地吩咐人把珊瑚树抬了出来。大家看到这株珊瑚树足足有两尺高，枝条匀称，色泽粉红鲜艳。大家对珊瑚树赞不绝口，都说是一件举世无双的珍宝。

只有石崇一个人在旁边冷笑，大家都觉得很奇怪。这时石崇看到客厅的几案上摆着一柄铁如意，就顺手拿起来把那株珊瑚树砸碎了。他的举动惊呆了在场的所有人，王恺更是涨得满脸通红。他气急败坏地责问石崇："你这是在干什么？"可是石崇根本不以为然，他对王恺说："您不必生气，我砸碎了您的珊瑚树赔您就是了。"王恺又痛心又生气连声说："好，我就看你怎么还我。"

于是石崇吩咐手下人到家里，把自己家的珊瑚树都搬了过来，让王恺随便挑。没过多久，石崇的家人回来了，他们搬来了几十株珊瑚树，三四尺高的就有六七株，有些大的更是比王恺的大一倍，每一个都光彩夺目，把在场的人看得目瞪口呆。王恺这才知道石崇家的财富不知道要比他高出多少倍，低头认输了。

王恺和石崇只是西晋王朝上流社会对财富垄断的两个代表，他们垄断了一部分财富后就开始炫耀、斗富，这和现在一些暴发户、土大款何其相似啊！从他们的行为中我们可以看出垄断存在的巨大弊端，它会导致资源浪费，破坏人类生存与进步的竞争机制，最后只能是垄断者自取灭亡，西晋王朝在很短的时间内灭亡就是一个很好的例子。

　　价格方面的垄断会拉高整个社会成本，影响到其参与国际竞争的能力。行业垄断还会导致社会有效投资严重不足，经济增长乏力，投资市场低迷。行政垄断很容易滋生腐败的毒瘤，造成社会福利的损失。

第七章 一手遮天的经济学

李广难封——买方垄断

初唐诗人王勃在《滕王阁序》中提出了"冯唐易老，李广难封"的著名人生悲剧，为自古怀才不遇的人鸣不平。其中"李广难封"说的是西汉名将李广一生难以封侯的悲剧。

李广是秦朝名将李信的后人，汉文帝时以良家子弟的身份从征匈奴，因功封为中郎。汉景帝时长期在北部边境防守匈奴，由于当时汉朝对匈奴执行消极防守政策，所以他一直没有立下大的军功，但是因为他多次打退匈奴的进攻，所以匈奴人非常惧怕他，称他为飞将军，他也因此成为汉王朝的名将。原本他在打击七国之乱的战斗中有功应该被封侯，可是因为他接受了梁孝王赏赐的将军印，而汉景帝最不喜欢梁孝王，因此汉景帝听说这件事后很不高兴，没有赏赐立有大功的李广。

到了汉武帝当皇帝时，他多次出战却没有立下战功，所以仍然没有封侯。汉武帝第一次派大军出击匈奴，他和卫青、公孙敖、公孙贺各率一万兵马出击匈奴。运气差、名气大的他遇到了匈奴大单于的主力部队，最终一万人全军覆没，自己也被生擒，他凭借机智和勇武得以中途逃跑，才逃脱了做俘虏的命运。这次他因为全军覆没而被贬为庶人。

李广最后一次参加对匈奴的进攻时，卫青已经是汉军的主帅，霍去病也已经能独当一面。李广这时已经六十多岁，他希望这一次能立功封侯，可是命运再一次和他开了个玩笑。他在行军的途中迷失了方向，结果没能进攻匈奴，战争结束后才找到路，回到汉军大营。按照当时的法律他要被追究责任，他不想因为这件事再遭受侮辱就自杀了，至死都没有封侯。

从上面的资料来看，李广难以被封侯的原因很多，但是归根结底只有一个，那就是统治者对他很不满意。因为在封建社会像李广这样的人要想封侯，就必须得到统治者的赏识。从某种意义上来说，他的才能就是一种商品，最好的买主就是皇帝，可遗憾的是西汉的统治者却对他的才能或是他这个人不太满意。

其实，李广的故事涉及到了经济学上一个非常重要的概念，那就是买方垄断。李广要想封侯就只能为西汉的统治者服务，也只有西汉的统治者能给他想要的东西。因为他是卖方，西汉的统治者是买方，买方只有一个，这就形成了买方垄断。

在日常生活中，买方垄断的案例是很常见的。比如，某地区的几家奶制品企业签署协议，宣布一致降低对牛奶的收购价格。因为该地区只有这几家奶制品企业，牧民手里的牛奶只能卖给他们，因此他们这样联手降低牛奶的收购价格，就会严重损害牧民的利益。可是因为他们垄断了收购市场，牧民也无能为力。

经济学小窗口

买方垄断是指买方少而卖者很多的市场类型。在这种情况下,买方就具有了垄断性,如果买方垄断者希望通过在这个市场上购买产品而使其利益最大化,那么他就必须购买较少数量的产品并付出较低的价格。

救时宰相——双边垄断

姚崇是唐朝著名的贤相,有"救时宰相"之称。他在武则天、唐睿宗时曾担任宰相,后来因为得罪太平公主而被贬到外地做官。唐玄宗做皇帝后很想有一番作为,恢复大唐以前欣欣向荣的局面。可是面对国家纷繁复杂的局势又不知道该如何下手,于是他决定广开言路,选贤任能,想听听贤才们的意见。

唐玄宗知道姚崇是个有才能的人,决定起用他为宰相。公元713年10月,唐玄宗在骊山举行二十万人参加的阅兵式,虽然声势浩大,但是军容不整,秩序混乱。看到这种情况,唐玄宗非常生气,马上下旨把阅兵式的总指挥宰相兼兵部尚书罢免并流放,然后派人传召姚崇,要他迅速赶到骊山行营。

姚崇赶到骊山行营时,唐玄宗正在渭河之滨打猎。唐玄宗见到姚崇后就问他:"爱卿了解打猎吗?"姚崇回答说:"微臣年少时不幸失去了父亲,二十岁时在广成泽居住,没有读过什么书,只是每天都进行射猎,因此非常了解打猎。四十岁时遇到了名士张憬藏,他觉得臣以后当以文学方面的才华而获得赏识,有可能会做宰相,劝臣好好读书不要放弃自己。于是臣从此开始刻苦读书,现在以微末的才能而忝居官位。可是如果说起来打猎的事,臣虽然已经年老,但还是非常了解。"唐玄宗听了他的话，就让他指挥队伍打猎，果然一切都进退有序。唐玄宗非常高兴，随即下旨任命姚崇为兵部尚书、同中书门下平章事，于是姚崇第三次担任了宰相。

姚崇出任宰相后所做的第一件事，就是向唐玄宗建议废除武则天晚年以来朝政上的十种弊端。主要是罢免多余的不干事的官员，选贤任能，严厉打击贪污腐败，禁止外戚宗室宦官干预朝政，精简刑罚，仁爱百姓，休养生息，不能穷兵黩武，不能任人唯亲，严厉打击犯法的权贵，等等。唐玄宗全部采纳了他的建议，并且全力支持他把这些建议落实。姚崇当了三年宰相，唐朝的经济快速发展，为开元盛世奠定了坚实的基础。

对古代的读书人来说，最大的愿望就是获得皇帝的赏识，这样就可以在一个适合自己的岗位上充分地发挥自己的才能，以便能出将入相。姚崇得到了皇帝的赏识，从而任命其为宰相。但是一上任就向皇帝提出了严格的要求，这无疑要冒很大的政治风险，一旦激怒皇帝，不但宰相之位不保，就连身家性命也有可能会丢掉。可是他还是那样做了，为什么呢？因为他拥有得天独厚的人力资源，也就是他具有卓越的个人才能，知道唐玄宗必须用他，因此他才敢向皇帝提出严格的要求。

姚崇的故事涉及到了经济学中一个非常重要的概念，那就是双边垄断。从唐玄宗一方来说，他对姚崇形成了买方垄断，也就是说姚崇要想实现自己的政治抱负，就必须获得最高统治者唐玄宗的赏识；从姚崇方面来讲，他对唐玄宗也形成了一种卖方垄断，也就是唐玄宗要想建立一个强大的国家，比唐太宗和武则天取得的成绩还要大，他就必须任用姚崇以及以姚崇为代表的贤能之士。这样一来唐玄宗和姚崇就形成了双边垄断，两个人都需要对方，谁也离不开谁。

在现实生活中双边垄断的例子很常见。比如，一件东西只有一个人卖，也只有一个人买，这就是双边垄断。再比如，在某一个偏僻的地方，所有的工人组成了工会，工会负责管理所有的人。该地唯一的一家工厂要想开工生产，就必须找工会，这时工会对工厂就形成了卖方垄断。可是因为只有这一家工厂，工会的工人要想有钱挣，就必须到这家工厂做工，这时工厂对工人就形成了买方垄断。工会和工厂之间就形成了双边垄断。

经济学小窗口

双边垄断是以简单的形式将共同利益和利益冲突、利益双方的竞争与合作，人与人之间交往的典型性综合表现出来。交易双方在达成协议方面具有共同的利益和要求，但是在协议的具体条款上则有冲突。

第八章

民生攸关的经济学

采菊东篱下——自愿失业

陶渊明是我国历史上著名的诗人、文学家，他生活在东晋末南朝刘宋初年。他出身于一个破落的官宦家庭，他的曾祖父陶侃是东晋的开国元勋，官至大司马，他的祖父和父亲都做过太守。陶渊明九岁时失去父亲，生活非常困苦，和母亲一起寄居在外祖父家里。

年轻时他怀着大济苍生的愿望出任江州祭酒（相当于省教育厅厅长或省立大学校长），想做出一番事业，好好地为老百姓服务。可是当时的东晋盛行门阀制度，特别讲究门第出身。因此出身庶族的他在当时很受轻视，一身的才能无法施展。在这样的情况下，他以无法胜任工作为由，主动辞职回家。他回家后州里又征召他做主簿，陶渊明也拒绝了。

公元400年，陶渊明来到荆州，在桓玄（当时的大军阀，东晋权臣）手下做属吏，可是当他发现桓玄阴谋篡夺东晋政权时，非常后悔自己的行为，认为自己根本就不该来荆州。他不愿和桓玄同流合污，决心离开这个大野心家。可是陶渊明又怕突然离开会引起桓玄的怀疑，于是就默默地等待时机。公元401年的冬天，陶渊明的母亲不幸去世，于是他马上辞职回家奔丧，办完丧事后就在家躬耕闲居。

公元403年，桓玄篡夺了东晋的江山，他做诗表达了对桓玄的不满。公元404年，刘裕和刘毅、何无忌等人起兵讨伐桓玄，桓玄兵败，把被废掉的晋安帝带到江陵。这时陶渊明离开家投入刘裕的幕府中任镇军参军。刘裕消灭桓玄进入建康后，对腐败的东晋王朝进行了一番整顿，改变了当时腐朽的风气。

因为刘裕的性格、才干、功绩和陶渊明的曾祖父陶侃很相似，所以陶渊明一度对刘裕很有好感。但是这种好感并没有持续多久，当他看到刘裕为了消灭异己而滥杀无辜，为了私情而违犯法律的时候，他彻底地失望了，陶渊明再次辞职隐居。

公元405年他又到建威将军、江州刺史刘敬宣那里任建威参军，这一年的三月，他到健康为刘敬宣向朝廷提交辞表，刘敬宣离职后他也随即离职。同年秋天，他的叔父陶逵看他生活困难，就介绍他出任彭泽县令，到任八十一天的时候，浔阳郡的督邮要来县里巡视，手下的官吏告诉他："按照规矩您应该整理好衣冠去迎接。"他说："我岂能为五斗米向乡里小儿折腰"，于是辞职回家。

我们从故事中可以看到陶渊明先后四次辞职，一次不受征召都是自愿的，没有人辞退他，也没有人找他麻烦，是他自己不想要这份工作的。陶渊明作为封建时代的一个读书人，最大理想应该就是做官，然后实现自己的价值，可是他因为社会和个人的原因多次自动辞职，也就是说他多次自动放弃自己的工作，他的行为用今天的话来说就是"自愿性失业"。

其实，在现实生活中也存在着很多自愿失业的现象。比如，有的大学生大学毕业后，也不努力考研也不出来工作，就只是待在家里闲玩，他们并不是找不到工作，而是不愿意去找工作。他们日常衣食住行所需要的钱全部来自父母，他们就待在家里心安理得地花着父母的钱，社会上把这批人称为"啃老族"或是"傍老族"，这些人都是自愿性失业。还有的人因为对工资、福利等诸多方面的待遇不满意而选择呆在家里不工作，这也是一种自愿性失业。还有一些人因为对社会不满又或是惧怕社会交往，所以不愿意出去工作，这也属于自愿失业。有的人会为了将来有更好的工作而暂时放弃现在的工作，同样是自愿性失业。比较特殊的一种自愿失业是国家为失业者提供的失业救济金过高，导致闲待在家里所拿的钱比在外面工作所拿的钱还多，因此人们工作的积极性就不高，很多人宁愿待在家里，也不愿意去工作。

需要说明的是，一些刚毕业的大学生不愿意找工作而选择考公务员或是考研，那么这样的大学生就不算失业，因为他根本就没有找工作的意愿。还有就是不满十六周岁的人赋闲在家，也不算失业，因为通常认为不满十六周岁的人是没有劳动能力的。

自愿性失业有好的一面，也有坏的一面。比如，那些为了获得更好的工作而暂时放弃现在的工作而去继续学习的人，他们的失业就是有积极意义的，这是对人力资源的一种再投资，将来他们可能会为社会作出更多的贡献。可是那些因为贪图享受而不去工作的人，则是对人力资源的一种浪费，这是应该抨击的。

经济学小窗口

自愿性失业是指工人所要求得到的实际工资超过了其边际生产率（每多增加一单位的生产要素，如劳工、资本等所能增加的生产量），或者是按照现行的工作条件能够就业，但是不愿意接受这种工作条件而未被雇佣造成的失业。

范仲淹被贬——非自愿失业

范仲淹是北宋时著名的政治家、军事家、文学家和思想家,他做官时一心为百姓为国家着想,为政刚正不阿,因此多次遭到权贵奸佞的诽谤而被贬,经历了很多苦难。

他中进士后先在地方任职,因为政绩卓著所以就在晏殊的推荐下到中央担任秘阁校理。他到中央任职后非常关心朝政的弊病,也敢于同朝中的腐朽势力作斗争。当时虽然宋仁宗已经二十岁,但是国家的军政大权还是掌握在刘太后手中。这年冬天刘太后过六十一岁的生日,她要求宋仁宗带领朝廷的百官为自己叩头拜寿。范仲淹觉得这样做不符合国家的礼仪,于是就上书反对。他这样做让举荐他的晏殊非常紧张,害怕会连累自己,于是就把他叫到家中责备他。范仲淹对晏殊说:"正是因为您举荐了我,我怕自己辜负您的举荐,因此才有今天的上书,却没有想到因为正直的言论而得罪了您。"晏殊听了他的话无言以对。

范仲淹回去之后上书请求刘太后退休,把国家的军政大权交给宋仁宗。这件事触怒了刘太后,结果他被贬到河中府做通判。当时朝廷的很多官员都非常钦佩他的正直和忠诚,送行时对他说:"您这次被贬十分光荣。"这是他的第一次被贬。

后来刘太后去世，宋仁宗掌握大权后马上把他调回中央担任谏官。当时宰相吕夷简因为怨恨郭皇后揭穿自己的恶行，趁着宋仁宗和郭皇后闹矛盾的机会，撺掇宋仁宗废掉郭皇后。年轻的宋仁宗在他的撺掇下坚定了废后的决心，下令废后之后，还根据吕夷简的建议禁止百官议论此事。范仲淹觉得郭皇后没有过错而被废实在不应该，于是就联合了一些负责纠察的御史言官一起请求与宋仁宗面谈。可是宋仁宗根本不理他们，于是大家决定第二天散朝后把百官留下，当面和吕夷简辩论。第二天清晨，他的妻子牵着他的衣服再三劝他不要去惹祸，他却头也不回地出门而去。结果，还没有上朝范仲淹就接到诏书，被贬到睦州做知州。接着又有官差到他家，催促他赶紧离开京城。这次他的朋友们在给他饯行的时候，一致都认为他这次被贬更加光荣。这是他的第二次被贬。

随后的几年时间里，他在睦州和苏州为官。在苏州的时候，他带领当地百姓成功地治理了水患，因此又被调入朝廷担任开封知府。他在开封任职时，看到宰相吕夷简公开任用私人非常愤怒，于是绘制"百官图"进呈宋仁宗，严厉地批评吕夷简施行的用人制度，可吕夷简却讽刺他迂腐。范仲淹前后上了四篇奏疏指责吕夷简狡诈，吕夷简则指责他勾结朋党、离间君臣。最终因为范仲淹曾在宋仁宗立嗣的问题上得罪了宋仁宗，再加上吕夷简很善于利用仁宗的喜怒，因此范仲淹再一次被贬。在饶州任知州时差一点死在岭南。这是他的第三次被贬。

在他五十岁的时候，宋朝西北边境的党项族首领李元昊建立了西夏政权，并率领军队疯狂进攻北宋，北宋的前线将领抵抗不过连打败仗。于是宋仁宗就起用范仲淹到西北边境抗击西夏，结果范仲淹多次打败西夏的军队，让李元昊取消帝号向北宋称臣。因为他立下了大功，被加封为参知政事（副宰相），后来他又在韩琦、富弼、欧阳修等人的支持下进行了政治改革，这就是"庆历新政"。因为在改革中触犯了大地主大官僚的利益，遭到了他们的疯狂反扑，结果宋仁宗迫于保守派的压力，下诏废弃一切改革措施。改革派纷纷被贬，范仲淹被贬到邓州做知州，后来又到杭州、青州任职。这是他的第四次被贬，也是人生中最后一次被贬。公元1052年范仲淹被调往颍州，他坚持带病上任，走到徐州时病重去世，享年六十四岁。

范仲淹一生之中四次被贬，四次失去在朝廷的工作，都是因为触怒权贵或是遭到诽谤诬陷，他自己本身并不愿意被贬，失去在朝廷的工作，这样的现象在经济学上被称为非自愿失业。

其实，在现实生活中只要是参加过工作的人，总会有那么一两次非自愿失业的经历。比如，如果单位的效益不够好就会裁员，就会辞退一部分员工，那么这部分被辞退的员工就集体非自愿失业了；有些单位在经营上出现了问题，没有办法再继续经营下去，只好倒闭或是破产，那么它的员工都会失去工作，这也是一种非自愿失业；有些人因为工作达不到单位的要求，或是无法胜任工作而被裁掉，同样是一种非自愿失业。

在生活中，如果我们遭遇了非自愿失业，千万不能自暴自弃，而是应该鼓起勇气坦然地面对。当然，如果是因为自己的原因的话，那就要认真思考一下自己存在的不足之处。

现在世界上很多国家都面对着失业问题，尤其是非自愿失业。因为一旦非自愿失业的人数过多就会产生一系列的社会问题，因此政府需要通过下面的方法来解决非自愿失业的问题：

（1）政府要负责组织一定数量的职业培训，提高待业者的总体技能水平，让他们能有一技之长。

（2）要努力规范各种各样的人才市场以及劳务中介市场，为更多的人提供更多的就业信息，方便人们找工作。

（3）要通过各种优惠的政策去鼓励失业的人自己创业，这样他们不仅可以解决自己的就业问题，而且还可以增加一部分新的就业机会，帮助更多的人实现就业。

（4）建立一个完善的社会保障体系，让失业的人没有后顾之忧。

经济学小窗口

非自愿失业又被称为"需求不足的失业"，指工人愿意接受现行的工资水平和工作条件，但是仍然找不到工作而形成的失业。

第八章
民生攸关的经济学

清朝的千叟宴——社会福利

"千叟宴"是清朝康乾盛世时影响比较大的事情,总共举办了四次。第一次千叟宴是在康熙五十二年三月举行的。当时康熙帝过六十岁生日,他觉得从秦汉以来没有哪个皇帝比他当皇帝的时间长(其实他弄错了,当时他只当了五十二年皇帝,而汉武帝刘彻当了五十四年皇帝),国家在他的治理下一片繁荣。因此他为了显示自己治国有方,清朝正处于太平盛世,以及表示对老年人的尊敬和关怀,就下令举办隆重的庆典。

为了组织这次活动所搭建的彩棚,从西直门一直延伸到畅春园。康熙皇帝颁布诏令,宣布全国六十五岁以上的老人,都可以到北京参加畅春园举办的宴会。这一年的三月二十五日,康熙皇帝在畅春园招待了四千多名六十五岁以上的老人。还命令十岁以上二十岁以下的皇子皇孙、宗室子弟为老人们敬酒,分发食品。还让八十岁以上的老人到自己面前喝酒,用这样的方法表示对老人的关怀与尊敬。随后,康熙皇帝又分别在三月二十七、二十八日两次宴请八旗之中的六十五岁老人,给予他们优厚的待遇。这一年,康熙皇帝宴请的六十五岁以上的老人总共有七千余人,在当时传为佳话。

康熙六十一年大年初一,康熙再次下令宴请六十五岁以上的满族官员。正月初二在乾清宫设宴招待六十五岁以上的满八旗文武官员、已经退休或是被罢免的官员共六百八十人。康熙皇帝命令朝廷诸王和闲散宗室为老人们敬酒,分发食物。正月初五又宴请六十五岁以上的汉族文武官员、已经退休或罢免的官员共三百四十人。康熙皇帝还亲自赋《千叟宴》诗一首,"千叟宴"由此得名。

以上是康熙皇帝在位时举办的两次千叟宴,乾隆皇帝当政时也举行过两次千叟宴。第一次是在乾隆五十年。乾隆皇帝为庆祝自己登基五十周年和七十五岁生日,在乾清宫举办了大型宴会,宴请全国六十岁以上的老人三千余名。宴会上乾隆皇帝命一品大臣以及九十岁以上的老人来到自己面前,亲自赐酒给他们,并亲自为九十岁以上的老人斟酒。当时有一个一百四十一岁的老人,乾隆皇帝让他坐在上座,并且还和大学者纪晓岚一起为这位老人做了一副对联:花甲重开,外加三七岁月;古稀双庆,内多一个春秋。

乾隆六十年,在位六十年的乾隆皇帝已经八十五岁了,他将皇位禅让给自己的儿子嘉庆皇帝,自己做了太上皇。这一年他下令再次举办千叟宴,召集全国七十岁以上的老人进京参加宴会,这一次共有三千五十六名老人参加宴会,大家一起为乾隆皇帝祝寿。乾隆皇帝非常高兴,又一次亲自给九十岁以上的老人斟酒,除此之外他还赏给一些老人官职和数量不等的银两,以表示尊敬和恩宠。

清王朝先后四次举办千叟宴,这无疑需要强大的经济实力才能支撑,因此康熙皇帝和乾隆皇帝之所以要举办千叟宴,除了要庆祝生日或是庆祝盛世外,最重要的就是向世人显示自己的功绩,显示清王朝在自己的治理下所表现出来的强大和富有。除此之外,他们也有尊敬老人、关怀老人的想法,其实关怀老人、尊敬老人,给老人一定的优

厚待遇，也是一种社会福利，他们用这种福利来向世人表明自己是尊老敬老的，自己是贤明的君主。

当然，清朝的那些老人所享受到的福利其实只是现代社会诸多福利中的一部分，它体现了我国早就有的社会福利思想。因为早在春秋时，孟子就提出了仁政思想，提出了一套完整的社会福利体系，其中最著名的就是"老吾老以及人之老，幼吾幼以及人之幼"。这句话的意思是我们不仅应该赡养自己的长辈，也应该赡养别人的长辈，不仅要照顾自己的小孩，也要好好照顾别人的小孩，这都是原始的社会福利思想。

现代社会所说的社会福利是个非常广泛的东西，它帮助的对象很多，不仅包括老年人，还包括残疾人、贫困的人、失业的人，甚至还有儿童。随着社会的不断发展，社会福利也越来越完善，内容也越来越丰富。不仅有老年人、残疾人福利，还有住房、教育、医疗等方面的福利。社会福利的形式也由单一的实物形式向货币等形式发展。

社会福利的意义非常重大，不仅可以保障弱势群体的利益，还能够提高全体社会成员的生活水平，让社会更加稳定，更好地促进经济的发展。

经济学小窗口

社会福利是指国家依法为所有公民普遍提供，旨在保证一定生活水平和尽可能提高生活质量的资金和服务的社会保障制度。

一碗水真的端平了吗——收入分配差距

陈超是郑州一家私企的人事部经理,他有两个孩子。老大喜欢运动,每天蹦蹦跳跳地安静不下来,尤其喜欢踢足球,梦想做个球星。小儿子却喜欢读书,每天都待在家里读书,梦想做一个知识渊博的学者。

陈超希望自己的孩子都能好好读书,将来考上大学有一份很好的工作,过着无忧无虑的生活。他觉得自己的家人都没有运动细胞,大儿子从事体育是没有前途的,因此他不相信大儿子以后能以体育为职业,因此陈超在心里更认可小儿子。但是两个都是自己的儿子,绝对不能厚此薄彼,让大儿子感觉自己不公平,因此陈超有意识地想做到一碗水端平。

他经常把两个孩子带到书店,让他们每人都挑相同数量的书买给他们。过年发压岁钱时,他会明确地告诉两个儿子,成绩好的就多发,成绩差的就少发,表示自己一点都不偏心。放暑假时,陈超把两个孩子送到"书友夏令营",他的目的是要让孩子们在一个夏天把四书五经全部读完。

时间一长,陈超的大儿子觉得他一直都在偏袒弟弟,就找爸爸抱怨。陈超很严肃地说:"我绝对不会偏袒任何一个人,你弟弟有的东

第八章
民生攸关的经济学

西你都有,怎么能说我偏袒你弟弟呢?我可一向都是很公平的。"大儿子听他这么说,也找不到理由来反驳。因为他说的都是事实,最终也只能不了了之。

于是,陈超就按照自己的标准,自以为公平地对待着自己的两个儿子。后来他的小儿子也像他所设想的那样考上了大学,又成为博士。可是他的大儿子却书也没读好,体育也没有搞好,最终一事无成。这样一来,陈超就更加确信自己当初的决定是正确的,他觉得幸亏自己当初有意识地让孩子多读书,要不然小儿子说不定也像他哥哥那样一事无成。

陈超的决定表面上看起来真的非常公平,他总是一视同仁地对待自己的两个孩子,他认为自己一碗水端平了,实际上并没有。因为他主观上觉得读书好搞体育不好,因此他在内心中就认可爱读书的小儿子,这样一来他就忽略了爱好体育运动的大儿子。所以,他给两个孩子创造的成长环境虽然都一样,都是鼓励孩子努力读书,但是对喜欢体育的大儿子来说却是非常不公平的,对原本喜欢读书的小儿子来说则是非常有利的。因此,我们可以说他这一碗水并没有端平,而且还偏得很。

由此联想到我国存在的公民收入分配差距问题,造成这个问题的原因虽然是多方面的。比如,很多收入分配差距是在市场经济环境下自然产生的,有的人勤劳肯干就多劳多得,因此他和那些不勤劳的人在收入方面自然就会存在一定的差距,这样的差距是值得肯定的。但是在国民经济中也有一部分收入差距是不值得肯定的,因为它们是在一个并不公平的市场经济环境下产生的。可以说,我国现在的市场经济环境还不够公平,这样的不公平环境加剧了我国收入分配的差距。

经济学小窗口

收入分配差距是指在一定社会经济条件下居民之间按照同一个货币单位或者是实物单位所表示的收入水平差别以及居民收入在社会总收入中占有比重的差别。

第八章

民生攸关的经济学

为什么一直买不起房——中国的房价问题

张迎光祖祖辈辈都是贫苦的农民，他的曾祖父叫张振文。张振文年轻时有一身的力气，可是因为家里穷，所以尽管很努力地干活，还是吃不饱。当时他们家并没有地，为了让家人有一口饭吃，他就去租种村里大地主原小成的地。

原小成这个人和别的地主不一样，虽然是个地主但是并不仗势欺人。你去找他租地，他不会故意把地租抬高，他每年所收的地租都是按照市价走的，市场价是多少他收多少，绝对不会欺负乡亲，因此大家都愿意租他的地种。有时候原小成自己也下地干活，和租户们一样的卖力气，不是一个养尊处优的人。张振文每年收了粮食，除了交给原小成的地租，剩下的都是自己的。可是他虽然每年都很努力地干活，但是真正到自己手里的粮食还是不多，只是够吃，再想干点别的是完全不可能的，因此他总是富裕不起来。这是为什么呢？因为如果他收的粮食多了，那么交给原小成的地租也自然就多了，这并不是原小成狠心加地租，因为市价就是这样的，地租一直都是水涨船高，收成上去了，地租自然也就会上涨，因此没有人提出不同的意见。他们知道这地租其实是自己推上去的，因为收成好的时候大家都想多从原小成那里得到一些地，可是既然大家都想多得地，那地到底给谁呢？

于是最公平的办法就是谁付的地租多就给谁地，结果大家付的地租一样多，谁也没有比谁多拿到一分地，但是地租却涨上去了。所以张振文干了一辈子也还是没有富裕起来，到死还租种着原小成家的地。

到了张迎光这一代，他从小就很认真地读书，顺利地考上了一所好大学，上班后也非常地努力，可是他的父母并不算有钱，没能给他在城里买上一套房子。后来张迎光认识了一个女朋友，相处两年后张迎光提出结婚，但未来的岳父岳母提出结婚前必须有一套属于自己的房子，哪怕二手的也行。于是张迎光更加勤奋地工作，省吃俭用，想尽量多攒一点钱，尽快地拥有一套属于自己的房子。

好在他所在城市的市政府坚持按照市价出让土地和住房，绝不允许房地产商人擅自提高房子的价格。政府的原则是既不多要也不少要，就按照市价出让土地和卖房子，谁出的价钱高，谁就能得到土地和房子，结果土地和房子的价格还是越来越高，因为房子和土地是有限的，可是却有很多人想要得到地和房子，于是大家出的价就越来越高。张迎光看到这种情况，就想只要自己能够多挣钱就一定能买到房子，但最终他还是没有买到房子。因为在他收入提高的同时，绝大多数人的收入都同样提高了。收入提高后大家都愿意拿出更多的钱去买房子，结果房价越来越高，因此张迎光还是没有买到房。除非他比绝大多数人的收入都高，否则是买不到房子的。

看完上面的故事，相信大家对中国的房价问题都有了一个基本的认识。收入越高房价也就越高，这就是今天大多数人买不起房子的原因。买不起怎么办，要不不买，要不就只有向银行借钱买，这就是很多人成为房奴的根本原因。

其实，我国现在的房价问题要远比故事里描述的情况复杂多了，但是最基本的原因其实是一样的。有的人生下来在城里就有房，有的人生下来在城里就没房。这样一来没房的人要想在城市里生活、工作，就必须有一套属于自己的房子，因此他要花钱买房。可是房价随着收入的增加而增长，于是没房子的人付出的金钱越来越多，有房子有地的人得到的金钱也越来越多。而手里有房子有地的人主要是政府，政府有了地就会有房子。这就又存在一个分配的问题，到底该把房子给收入低的人还是应该把房子给收入高的人。到底应该把钱给政府还是给老百姓，这笔钱具体应该怎么分配，这是我国目前房价问题中的一个根本问题。要想解决房价的问题，就必须把这个问题解决好。

经济学小窗口

房价也被称为房地产价格，是指建筑物连同其占用土地的价格，也就是土地价格加上建筑物价格，房价是房地产经济运行和资源配置最重要的调节机制。

到底该怎么卖粮食——住房分配难的问题

从前有个人叫王百万，开了家小柴火店，并不是很富裕但比一般人好一点，属于小康之家。他所在的地方交通闭塞，后面是大海，前面是一条小道，出去一趟很不容易。最重要的是这里的柴火很少，因此方圆几里的人都在他的店买柴火。

有一年这里下暴雪，天变得非常冷，通往外界的道路又被厚厚的积雪堵塞了，这里的人出不去了。时间一长，人们的取暖就成了大问题，于是来王百万店里买柴火的人越来越多。可是他店里的柴火却不够那么多人用的，到底该卖给谁呢？想来想去他觉得还是谁出的钱多就卖给谁，这样做比较公平，于是柴火的价格一下子就涨上去了，而且还越涨越高，贵得实在离谱。可即使是这样，人们还是咬牙买了柴火，因为这时柴火就是命，不买就会冻死。于是大家就都买了一点，因为太贵谁也没多买，最后每家每户手里都存了一点柴火。

雪灾过去后这个地方没有人被冻死，王百万也因此发了一笔财。可是大家都骂他是发了黑心财，是个乘人之危的奸商。王百万觉得非常委屈，他想要不是自己手里的这点柴火，还指不定要冻死多少人，他是发了一点财，可也救了好多人的命，而且谁出的钱多就卖给谁，本来就是天经地义的，自己没有做错。但眼看着乡亲们对自己的埋怨，他心里也很不好受，于是他决定如果再遇到这样的事情，就坚决不涨价。

过了两年，暴雪再一次围困了他住的地方，情况和上次一模一样。因此这次他一开始卖柴火就挂出了"坚决不涨价"的牌子，可是因为不涨价，所以谁都想多买点放在家里。于是那些家里有钱的人就买了大部分的柴火，家里没钱的只买了少部分，还有一部分人根本就没买到柴火。结果很快就出现了富裕人家柴火烧不完，而有的人家却没柴火烧的情况。于是没有柴火的人只好出高价从有柴火的人那里买柴火，可是还是有一些人没有买到柴火。

雪灾结束后，这个地方就有人被冻死了。结果又有人开始怨恨王百万，因为上次他只是发点黑心财，现在却只把柴火卖给富人，结果出现了冻死人的情况，因此王百万要负责任。其实王百万心里也很不好受，都是一起生活了那么多年的乡亲，他也不愿意他们被冻死。他发现自己涨不涨价大家都不满意，总是有人骂自己。于是他决定下次如果再遇到这样的情况，不但坚决不涨价，而且还要每家每户限量供应。

又过了五年，暴雪再一次袭击了他们居住的村子，情况和前两次一模一样，人们都赶紧买柴火。但这次他们想多买已经是不可能了，因为王百万这次虽然没有涨价，但是决定每家每户都限量供应，而且每户每人限购两斤干柴。可是很快王百万就遇到一个新的问题，他并不清楚到底每户具体有几个人，他不能保证来买柴的人不撒谎，他也不能保证一家人不轮流来买柴，因为他并不认识所有的人。想来想去他只能求政府帮忙，可是政府能做的也只是挨家挨户地发给他们"柴票"，让老百姓凭着"柴票"到王百万那里去买柴火。但在这个过程中也出了不少差错，因为有一些人凭借自己和政府中某些工作人员的特殊关系，就多得到了一些"柴票"，多领了一些柴火，而那些在政府里没有熟人的人却领不到相应的柴火。因此还是有人对王百万不满，但这次总算是没有再冻死人。

王百万前后三次卖柴火时所遇到的问题其实都是一样的，总的来说就是一个资源分配的问题。资源总是不够用，因此不管他怎么做都会被人骂，因为资源稀缺的问题并没有得到根本的改变。我们国家现在遇到的住房分配的问题和柴火分配的问题其实是相同性质的问题。

现在存在的分配方法主要有三种。第一种就是完全跟着市场走，谁出的价高，谁就能买到房子。可是这样做政府和房地产商就会被人骂，老百姓会觉得房地产商发了黑心财，故意把房价抬得很高。同样老百姓也会觉得政府默许了房地产商人的行为，不为老百姓办事，而且政府也通过卖地挣了很多钱。

第二种方法就是政府出来限制房价，坚决不涨价。这样一来穷人和富人都高兴了，可是这并不意味着低收入的人就能买到房子。因为一旦房子不涨价，手中掌握较多资金的富人们就会买更多的房子放在手里，结果大多数低收入的人还是买不到房子，因为政府不能限制富人买房。于是那些低收入人群为了能买到房子居住，就必然会花高价从富人手中买房。这样一来很多人就会骂政府，因为原本不限价的时候，还有可能以一个比较低的价格买到房子，可是现在一限价房子大部分都被富人买去了，这样一来就只能花高价从富人那里买，自己付出的房款不但没少，而且还多了，这都是限价惹的祸。

第三种方法就是回到计划经济的时代，由政府主导房屋的分配，而且还要限价限量。这样的做法虽然费时费力，但是基本上可以保证住房的相对平均分配。当然这样做需要一个大前提，那就是政府必须做到公正透明，如果政府没有办法做到公正透明，那就只能是以一种新的不平均分配去代替旧的不平均分配。还有就是政府能不能取代市场提供足够的住房，这一点是非常重要的，如果不能的话，那政府的介入只能加大住房的稀缺性而带来更大的问题。再有就是政府介入之后会不会用一部分民意去压制另一部分民意，因为有些人是不愿意由政府主持住房分配的，一些人会在政府主导住房分配的过程中受益，那就会有另一部分人在这个过程中受到损害，因此政府在介入之前必须有一个充分的、广泛参与的酝酿过程。

其实，我国的房地产市场现在面临的最大的问题应该还是供给问题，也就是房子不够。毕竟中国的城市化正在不断推进，每年都有成千上万的人从农村进入城市，而且原本城市里的那些人又想住更大更好的房子，这就解释了为什么房子总是不够，总是有那么多人在买房。因此不管以后选择用什么样的分配方式去解决住房的分配问题，都要持续增加住房的供给量。

回味无穷

1777年亚历山大·汉密尔顿才二十二岁。白天候他是乔治·华盛顿的参谋长，骑在马上和英国人作战；晚上就变成了一个自学成才的经济学学生，在军营的帐篷里看经济学论文，读亚当·斯密的著作。十二年后他荣任美国第一任财政部长，在两年的时间里他建立了国家银行，发行了国债，成功搭建了美国所有重要的经济框架，而这所有的措施都是他二十二岁骑在马上打英国人时想出来的。

怎样施粥才能公平——春运火车票的分配难题

唐朝时湖北有个子虚乡，子虚乡下面的无有村有个大善人叫王大善。王大善开着一家粮店，遇到灾荒年景就拿出自己的粮食去赈济穷人，平时村里的乡亲有什么困难求到他，他也会鼎力相助。

这一年无有村被洪水围困，里面的人出不去，外面的人也没法进来，没过多久不少人就没有粮食吃了。王大善看到这种情况很着急，他知道洪水一时是不会退去的，时间一长肯定会有人饿死，于是他决定开粥厂施粥。在开始施粥前他做了一个调查，发现全村有八百人需要救济，而他手上却只有三百人的粮食。王大善觉得这件事很难办，三百人的粮食要分给八百人，应该怎么分？都是一个村的乡亲，到底该给谁不该给谁？

他的儿子是个读书人，看到他这样烦恼，就给他提了一个建议。价格越高需求越少，因此应该卖粥而不是施粥。具体的办法是提高粥的价格，这样那些真正需要粥的人就一定会买。把粮食都卖给出价最高的三百人，问题不就解决了吗？这样一来大家也不用排队，也不用打架，也不用担心分得不均。

可是王大善觉得这个办法不行，因为如果这样做村里的人就会骂自己是在发黑心财，可自己本来是要做好事啊。再说这样做粮食都会被富人买去了，而那些真正需要粮食的穷人却买不到，还是会饿死人。

儿子不同意他的看法，他对王大善说："您还是没有弄清楚这个问题，就算您不卖高价，那些先领到粥的人也会转手把粥高价卖给别人。再说您卖粥时价格公开透明，又没有歧视穷人，要是他们真的需要粥，肯定愿意出高价买粥。如果他们不出高价，说明他们还没有到非吃不可的地步，您就更不用为他们担心了。"

王大善还是觉得这样做不公平，他说："我还是觉得先来先领比较公平一点，我们还是免费施粥吧。"

儿子说："这样一点也不公平，您怎么知道最先来的就是最需要喝粥的？先来的都是整天无所事事的人，所以才会有大量的时间去排队领粥。而且您这样做还会浪费大量的时间，说不定还会造成灾祸。有的人整夜整夜地排队，好不容易轮到他时粥却没有了，而他家里还有一堆人等着吃粥，那这个时候他会怎么想？他会不会闹事呢？再说如果有人因为争一个先后而打架，这就更不好了。最终您还是没有办法防止先领到粥的那些人转手用高价把粥卖掉，这样一来粥还是会落到那些愿意出高价的人手中？您还会增加不必要的麻烦。"

王大善说："麻烦就麻烦点吧，我还觉得先来先领比较合理。"

结果王大善还是按自己的想法开始施粥了，但很多真正需要粥的人都没有领到粥，粥最后仍然落到了愿意多出钱的人手里，而且在施粥的过程中还有人打架、闹事。总之王大善被搞得非常麻烦。

上面的故事讲的是在粥少人多的情况下怎样分配粥的问题，其实这种情况和我国春运时火车票分配难的问题是一样的。春运的问题就是运力有限而想要回家的人太多。比如，只有八百张火车票，却有一千个人要坐火车回家,那么不管你采取哪种分配方式,总是会有两百个人没有办法坐火车回家。

因此,面对着火车票供不应求的情况,最直接的办法就是提高票价,谁出的钱多就把票给谁,这样做看起来是最公平的。可是这样做的前提是大家的收入都一样,不同的是每个人坐火车回家过年的意愿,那些最想回家过年的人一定愿意出高价买火车票。可是现实的情况是大家的收入不一样,火车票一涨价,挤出的那两百个人可能正好是非常想回家,但是却因为经济能力限制而没有办法买火车票的低收入群体。另外,提价之后可能有一部分人忍痛花高价买票,但是他们一定会骂铁道部发黑心财。

因此,用价格手段去解决春运火车票分配难的问题会有各种负面的影响。政府要做的并不是去提高票价,而是不断地增加运力,这样才能让更多的人在春节时能够回家过年。

1940年大卫·洛克菲勒在美国的芝加哥大学获得了经济学博士学位,当时正值第二次世界大战,于是他马上报名参加了美国海军,想为打击法西斯贡献自己的一份力量。当时美国的联邦调查局按照惯例要对服兵役的人进行背景调查,于是他们到芝加哥大学询问大卫·洛克菲勒的教授奥斯卡·兰格先生。

他们问兰格先生:"大卫·洛克菲勒是一个优秀的公民吗?他对美利坚合众国忠诚吗?"

兰格回答说:"当然,他对美国的忠诚度和我不相上下。"

第八章
民生攸关的经济学

可是在第二次世界大战结束后,大卫·洛克菲勒马上放弃了美国国籍,回到了自己的祖国波兰,这一年社会主义的波兰人民共和国成立,几个月后兰格以波兰人民共和国第一任驻美国大使的身份重返美国。

第九章

面向未来的经济学

杯酒释兵权——帕累托改进

宋太祖赵匡胤经过"陈桥兵变"黄袍加身做了皇帝之后,很害怕自己手下那些拥有重兵的将领有一天也会像自己这样搞兵变,推翻自己做皇帝。他想找个机会把手下的大将都杀掉,但是又于心不忍。因为这些大将都立过大功,为自己出过力,要是自己当了皇帝就杀功臣,他怕别人说他无情无义,以后就没有人再愿意为自己效力了。想来想去,他决定还是要解除手下大将的军权,但是要用一种比较温和的方式,让大家面子上都过得去。

公元963年的一天,宋太祖在退朝后将石守信、高怀德、王审琦等人留下喝酒,酒喝到高兴之处时宋太祖对这些大将说:"朕如果没有在座诸位的帮忙也当不了皇帝,可是现在虽然身为天子,但是还不如做节度使快乐。当了皇帝之后,朕从来都没有睡过一天好觉。"这话让石守信等人马上大惊失色,他们说:"陛下您为什么这么说,现在天命已经确定,谁还敢再有异心吗?"宋太祖曰:"世上的人谁不想要富贵?如果有一天,你们的部下一样拿着一件黄袍披在你们身上,拥戴你们做皇帝,就算你们不想造反,那时候还由得了你们吗?"

石守信等将领听了他的话,吓得马上跪下磕头,他们哭着说:"臣

第九章
面向未来的经济学

等实在愚蠢,不知道这件事该怎么处理,还请陛下可怜我们,给我们指示一条生路。"于是宋太祖借机表达了自己想让他们放弃兵权的想法,宋太祖对他们说:"人生苦短就像白驹过隙,你们应该及时行乐。不如多累积一些金钱,买一些房产传给后代子孙。我们之间再相互联姻结成亲家,这样一来君臣之间也就没有了猜疑,上下相安,这样岂不是很好吗?"石守信等大将马上答谢说:"陛下能为我们考虑得如此周到,真是对我们的恩惠啊!"

第二天,石守信、高怀德、王审琦等大将纷纷上书声称自己有病不能处理公务,要求解除兵权。宋太祖非常高兴地接受了他们的请求,罢去他们的禁军职务,让他们到地方任节度使,一并废除了殿前都点检和侍卫亲军马步军都指挥司的职位。

就这样,原本一件非常难办的事情让宋太祖轻轻松松地解决了。

自古以来,皇帝对功臣们都存在着不同程度的猜忌,因此大多数功臣的下场都不好。石守信等人还是比较幸运的,最起码可以安安逸逸度过余生。在"杯酒释兵权"的过程中,宋太祖自然是最大的赢家,他非常轻松地将各位将领的兵权收归自己所有,从此可以安安稳稳地做皇帝。可是对于那些将领来说,其实也并没有损失什么。虽然没有了兵权,但是却得到了良田、美宅、名誉,最重要的是可以和皇帝结亲,从此过上安逸的生活,后世子孙也能享福。这种一部分人得到好处,而其他人也没有受到损失的现象,在经济学上被称为帕累托改进。

帕累托改进在日常生活中很常见。比如,一个公司进行一项改革,这项改革不会损害公司的利益,也不会伤害员工的利益,那么这项改革就属于帕累托改进。再比如,在生活中我们帮别人一些举手之劳的小忙，就能让别人获得很大的收益，而自己并没有损失，别人也得到了实惠，这就是一种帕累托改进。

经济学小窗口

所谓"帕累托改进"，就是一项政策能够至少有利于一个人，而不会对任何其他人造成损害。

第九章
面向未来的经济学

窃符救赵——菲利普斯曲线

信陵君名叫魏无忌,是战国时魏国国君魏安厘王的弟弟,战国四君子之首,著名的军事家、政治家,在当时享有很高的社会声誉。他能够礼贤下士、急人之困,养士数千人。先后两次打败秦国,分别挽救了赵国和魏国。他最为后人称道的就是不顾个人的安危窃符救赵,将即将灭亡的赵国从危亡之中解救出来。

公元前260年,秦国在长平之战中打败赵国,后来又在公元前257年包围了赵国的都城邯郸,决心灭掉赵国。赵国的情况非常危急,当时赵国的平原君和信陵君是亲戚(平原君的妻子是信陵君的姐姐),因此平原君就多次写信向魏王和信陵君求救。魏王得到平原君的求援信后碍于亲戚的关系,就派大将晋鄙率领十万大军救赵。秦昭襄王得到消息后马上派出使者,威胁魏王说如果魏国援救赵国,那么秦国攻下赵国后将立即进攻魏国。魏王被秦昭襄王吓住了,但是他又不能言而无信不救赵国。于是他就秘密命令晋鄙停止进军,在邺城安营,名义上是要援救赵国,实际上是作壁上观,坐观成败。

平原君在赵国日夜盼望魏国的援军,可就是等不到。于是平原君就多次派使者到魏国催促信陵君,让他想办法救赵。平原君还写信责备信陵君说:"我之所以和您结成亲戚,是因为您能在关键时刻救人于危难之中。现在邯郸情势危急而魏国救兵一直不到，这怎么能说您可以救人于危难之中呢？您纵使轻视我，不把我放在心上，难道就不为自己的姐姐着想吗？"

信陵君看到信后感到非常惭愧，多次劝说魏王赶快发兵，可魏王就是不同意，情急之下信陵君就自己带着一百多辆战车去救赵国，打算和赵国共存亡。他在路过夷门的时候遇到了自己的门客侯嬴，把自己要救赵的事告诉了侯嬴。侯嬴说："那公子您就去吧，我是不能跟您去了。"说完就走了。

信陵君率领自己的人向前行进了几里地后，心里越想越不是滋味，他觉得自己对待侯嬴非常好非常尊重，天下人都知道。"现在我要和秦军去拼命，他居然没有半句话的嘱咐，难道我有什么不对的地方吗？"于是带领人马返回，又找到了侯嬴。侯嬴笑着对信陵君说："我知道您一定会返回来找我的，您喜欢招揽门客，给门客优厚的待遇，因此而名闻天下。今天遇到了大困难，想要一个人带领着门客去和秦军拼命，说句不好听的话，您这是去白白送死，哪还会建立什么功业？您平时对我很不错，您要去送死我却一句话都没有说，因此您心里一定恨我，所以才会回来向我问个清楚。"

信陵君听他这么说，就连忙向他问计，侯嬴支开众人，对信陵君说："我听说，要想调动晋鄙的大军就必须有魏王的兵符，而魏王的兵符又在他的卧室内，一般人不能拿到。现在魏王最宠爱如姬，如果让如姬去拿，就一定能拿到。如姬的父亲以前为人所杀，如姬派人找了三年都没有找到仇家，那时候整个魏国上下都想为如姬报杀父之仇，可是就连魏王都没有办法找到如姬的仇人。于是如姬在您的面前哭泣，请求您帮她报仇。您就派门客砍掉了如姬仇人的头，并献给了如姬。您对如姬有大恩德，她愿意为您去死，只是到现在都没办法报答您的恩德。现在只要您开口请她帮您去偷兵符，她一定会同意。拿到了兵符您就可以夺取晋鄙的大军，这样一来您就能救下赵国而打败秦国。"信陵君听了他的话马上依计而行，果然得到了兵符。

信陵君得到兵符后就要去调动晋鄙的军队，这时侯嬴对他说："将在外，君命有所不受。您拿着兵符去见晋鄙，如果他愿意把军队交给您是最好的。如果他坚持先向魏王核实情况，再把军队交给您，那您该怎么办呢？我的朋友朱亥，虽然表面上是个屠户，但实际上却是个大力士。您可以带着他一起去，到时候晋鄙要是能听从您的命令那最好，要是他不听从，就让朱亥杀了他。"

信陵君听了他的话忽然大哭，侯嬴很奇怪就问："您难道怕死吗？为什么哭泣呢？"信陵君说："晋鄙是国家的大将，我这次去他多半不会听我的话，这样一来我就得杀死他，那么国家就少了一员大将，因此我才会哭泣，我怎么会怕死呢？"于是信陵君找到朱亥，朱亥表示愿意跟随他一起去救赵国。就在他们要离开的时候，侯嬴向信陵君告别说："我原本应该跟着您一起去，但是因为年老而无法长途跋涉。在您到达晋鄙军中的时候，我会面向北边自刎，用这种方式送您。"

信陵君带领着朱亥和门客来到邺城，拿出虎符表示魏王命自己代替晋鄙率领军队。晋鄙确认虎符不是假的后，又对信陵君所说的话表示怀疑。他说："我受命率领十万大军，屯于国境之上，担当着国家的重任。现在您一个人驾着一辆车来到这里要代替我，我不能轻易做出决定，还是应该向大王核实之后再说。"信陵君看晋鄙不想交出兵权，就示意朱亥动手，朱亥就从袖中抽出四十斤的铁椎将晋鄙打死。信陵君掌握了军权后下令说："父子都在军中的，父亲回去；兄弟都在军中的，兄长回去；如果是独子没有兄弟，那就自己回去。"于是得到

八万精兵，一鼓作气进攻秦军。秦军在魏军、楚军和赵军的内外夹攻下大败，邯郸之围解除了。

这个故事告诉我们，人们在生活中时常会处于两难的境地，鱼与熊掌没有办法兼而有之，你在选择一个选项时，必然要承受没有选择的另一个选项所带来的痛苦。

魏安厘王在接到平原君的求救信后因为碍于情面，所以就派晋鄙率兵十万救赵，坦白地说这是冒着遭受秦国打击的危险的。可是后来经过秦昭襄王的恫吓后，他就面临着两难的选择。如果继续救赵，那么秦国在攻下邯郸后就会攻打魏国，自己平白无故惹来一场灾祸；如果不救赵国，那么自己就要背负背信弃义的名声，从此失信于人。他想来想去决定宁愿失信于人，也不愿给秦国攻打自己的借口。

信陵君在收到平原君的书信后，也陷入两难的选择。魏王不肯救赵，自己的力量又很微弱，那是舍弃生命率领门客去救赵呢，还是置之不理保全性命？这也是一个两难的选择，最终勇敢的信陵君选择舍弃生命和平原君一起死。在得到侯嬴的指点盗取虎符后，他又面临一个两难的选择。如果晋鄙不愿意交出兵权，那到底是杀他还是不杀他。杀他自己就杀死了魏国的大将，魏王也会对自己恨之入骨，自己在魏国就再也没有立足之地；如果不杀他那赵国还是会被秦军攻破，自己还是会背负背信弃义的恶名。选择哪一个都很痛苦，最终他还是决定杀晋鄙。

其实，在经济学上也存在着一种非常艰难而且痛苦的选择，它关系到国民经济的大问题，我们不得不慎重，这种选择就是关于失业率和通货膨胀问题的。这种选择涉及经济学上一个非常重要的概念，那就是菲利普斯曲线。

第九章
面向未来的经济学

经济学小窗口

菲利普斯曲线是表示失业与通货膨胀存在一种交替关系的曲线,具体来说就是通胀率高的时候,社会的失业率就低;通货膨胀率低时,失业率就高。

也就是说,政府如果想要保持比较低的失业率,那就必须忍受比较高的通货膨胀;如果想要保持比较低的通货膨胀,就必须忍受高失业率。

贞观之治——经济发展

唐太宗李世民刚做皇帝的时候，唐王朝刚从战乱中走出来，经过隋朝末年农民起义和唐朝初年统一战争的祸害，唐王朝面临着诸多的问题。民生凋敝，人民生活困苦，还有突厥时刻威胁着。公元626年李世民刚当皇帝，突厥的颉利可汗就率领二十万大军直逼长安。突厥的军队到达了渭水便桥的北边，当时唐王朝根本没有力量反击突厥，于是李世民被迫设疑兵之计，自己亲自率领房玄龄、杜如晦、长孙无忌等亲信大臣和颉利可汗在渭水交涉。最终颉利可汗在弄不清唐朝的真正实力，以及李世民又许诺给其大量金钱财物的情况下，率兵撤退。

外部的危机暂时解除后，李世民开始奋发图强，发展国家的经济，想方设法增强国力。他下令轻徭薄赋，让老百姓可以休养生息。他非常爱惜民力，从来都不轻易征发徭役。他以前打仗时患上了关节炎，不适合长期住在潮湿的宫殿里。可是为了节省民力，他硬是在隋朝潮湿的宫殿里住了很久。李世民还下令合并天下州县，裁撤官员，尽量减轻老百姓的负担。他生活非常俭朴，对自己对亲人都能够严格约束。

李世民知道，要想治理好国家就必须任用贤能，因此他重用房玄龄、杜如晦、长孙无忌、魏征、褚遂良、马周、李勣、李靖等人，让这些贤才帮助自己治理国家，打击外敌。他积极听取各方面的反对意见，不因为别人提反对意见就怪罪人家。李世民五次下诏求贤，还多次增加科举的科目和录取的人数，因此贞观一朝始终是人才济济，这些人才为贞观之治做出了巨大的贡献。

在文化方面，他大力奖励学术，组织文人学士编修经典，又在长安设立国子监，鼓励四方的君主送子弟到唐朝留学。在外交方面他更是以博大胸怀接纳四方之人，鼓励不同的国家和民族到唐朝做生意，为唐朝服务。

在军事方面，他先后征服了东突厥、薛延陀、高句丽、高昌，又和吐蕃联姻，被西北诸国尊称为"天可汗"。

在他和一群贤臣的努力下，唐王朝的经济在很短的时间内就得到了好转。到贞观八九年的时候，社会上出现了百姓丰衣足食，夜不闭户、路不拾遗，牛马遍野的繁荣景象。

贞观年间，唐王朝的富强是今天根本无法想象的。经济高度发达，人民的负担又很轻。大量的荒地被开垦出来，粮食吃不完，钱也花不完。国家一年判处死刑的只有二十九个人，基本上做到了不使用刑罚。唐王朝在国际上的威望也达到了顶点，对外战争接连取得胜利，疆域空前扩大。

生活在贞观之治时期的绝大多数人民应该都是很幸福的，因为那个时候经济发达，人民的生活水平很高，国家拥有强大的经济实力和军事实力，并没有任何战乱之苦。

贞观之治的一个重要标志就是经济发展。由此我们联想到我们国家从上个世纪改革开放后一直到现在持续三十多年的经济发展，当然我们也切切实实地感受到了经济发展的成果。那么唐王朝的经济是怎样发展的呢？结合贞观之治出现的原因和我国三十多年来经济发展的原因，我们得出一个结论，那就是要想经济发展就必须做到以下几点：

（1）减税。只有这样才能减轻人民的经济负担，让他们更加积极地从事生产创造，这样经济才会发展。

（2）重视人才。没有人才就算有再好的政策也是白费。

（3）重视教育。发达的教育可以创造出更多优秀的人才和更多先进的技术。

（4）坚持开放政策。

（5）大力进行制度建设，保证公平。

（6）政府要听得进不同的意见，不要独断专行。

经济学小窗口

一个国家摆脱贫穷落后的状态，走向经济和社会生活现代化的过程被称为经济发展。经济发展不仅意味着国民经济规模的扩大，更意味着经济和社会生活素质的提高。因此经济发展涉及的内容已经超过了单纯的经济增长，比经济增长更为广泛。

竭泽而渔——可持续发展

公元前632年，晋文公率领晋军援救宋国，和楚国的军队在城濮相遇。当时楚军的实力比晋军强，因此在开战之前晋文公召开会议讨论怎样对楚军作战。他先问自己的舅舅狐偃："楚军多，我军少，我们怎样才能打胜呢？"狐偃说："我听说善于打仗的人不厌其诈，我们就用欺诈的方法对付楚军，这样一定能战胜它。"

晋文公听了狐偃的话并没有发表意见，又征求另一个大臣雍季的意见。雍季不赞成狐偃的主张，他对晋文公说："把池塘里的水弄干了再去捉鱼（竭泽而渔），哪有捉不到的道理？可是明年就没有鱼可捉了。把山上的树木烧光之后再去打猎，又怎么会打不到呢？只是明年再也不要想打到猎物了。欺诈的方法虽然偶尔可以用一下，但是以后决不能再用，这根本就不是长久之计啊。"

晋文公很赞赏他说的话，但是在战争进行的过程中，晋军还是采用了欺诈的办法去对付楚军。因为楚军的实力比晋军强，不用欺诈的办法就不能战胜楚军，结果晋军最终取得了胜利。

可是在事后论功行赏的时候，雍季所得到的赏赐却比狐偃多，大家都感觉很奇怪。这时候晋文公说："我们怎么能让大家认为一时之利比百年大计重要呢？"

竭泽而渔的故事告诉我们，古人早就认识到只顾一时的小利而断绝今后的发展的做法是非常不可取的。虽然在某些特殊的时候可以偶尔为之，但是绝对不能作为长久大计。人类要想不断地发展下去，就必须坚持可持续发展。

实行可持续发展战略对人类来说有非常重大的战略意义，因为人类在发展经济的过程中，污染环境、破坏环境，浪费资源，随着人口的不断增加，环境的不断恶化，人类的生活环境越来越坏，可以说人类的生存已经受到了巨大的挑战。在这个时候，我们再也不能一直沿着以往以破坏环境为代价去发展经济的老路走下去，只有坚持可持续发展，人类才能生存下去，人类社会才能不断地发展下去。

那么，我们怎样实施可持续发展战略呢？

首先，还是要"以经济建设为中心"，在推进经济发展的过程中促进人与自然的和谐，重视解决人口、资源和环境问题，坚持经济、社会与生态环境的持续协调发展。

其次，加强对外开放和国际合作，积极参与经济全球化，利用国际、国内两个市场和两种资源，在更大的空间范围内推进可持续发展。

最后，要充分发挥政府、企业、社会组织和公众四方面的积极性。政府要加大投入，加强监管，发挥主导作用，提供良好的政策环境和公共服务，充分运用市场机制，调动企业、社会组织和公众参与可持续发展的积极性。

第九章
面向未来的经济学

经济学小窗口

可持续发展是既满足当代人的需求,又不对后代人满足其需求的能力构成危害的发展。它是一个密不可分的系统,既要达到发展经济的目的,又要把人类赖以生存的大气、淡水、海洋、土地、森林等自然资源和环境保护好,让子孙后代能够持续发展和安居乐业。

可持续发展与环境保护既有联系又有区别。环境保护是可持续发展的一个重要方面。可持续发展的核心是发展,但是要求在严格控制人口、提高人口素质和保护环境、资源永续利用的前提下进行经济和社会的发展。

家长应该怎样教育孩子——政府主导和中国模式

崔会军是一个大企业家,生意做得非常大,年纪大了之后想把自己创立的事业交给儿子打理。可是他并不清楚儿子是否适合做生意,虽然儿子在大学时学习的是企业管理,但是毕竟书本上所学的东西和真正的实践还有一段距离。于是他决定先把手下的一个小公司交给儿子去经营,自己完全不插手,想通过这样的办法看看儿子到底有没有能力去接手自己打下的江山。

开始的时候,他真的对儿子的经营活动不闻不问,一切都由儿子自己做主,自己什么事都不管。可是他的宝贝儿子就在他的放任中将那个小公司搞得连年亏损,已经到了破产的边缘。在这样的情况下,他怕别人看笑话,就开始亲自指导儿子经营管理那家小公司,因此表面上那家小公司还是他儿子在管理,实际上儿子是完全按照他的指示行动,像个木偶一样。他大量地给儿子的公司投资,对儿子管得非常严,儿子在公司的经营上没有一点自主权。就这样,儿子的公司在他的支持和幕后指挥经营下,从濒临破产一跃成为一个大量盈利的公司,取得了很大的成功,那些不了解内情的人都称赞他的儿子。

有的老朋友向他请教秘诀,他说:"年轻人毕竟没有经验,因

第九章 面向未来的经济学

此需要我们的帮忙。所以我们除了要拿出大量的资金和资源支持他之外，还要对他进行严格的管教，让他每一步都按照父辈的指示去做。我们做了一辈子生意，经验比他们丰富得多，他们只有跟着我们学习，才不会出错啊！"

老朋友听了他的话都觉得很对。

看完上面的故事，很多朋友应该都会对崔会军帮助儿子的方法产生疑问：他那样做难道真的就符合儿子的利益吗？真的能让儿子真正成长起来吗？现在看来，答案是否定的。他那样做其实只满足了自己的面子，并不能让自己的儿子真正地成长起来，他的儿子将来还是没有办法成功地经营管理一家企业。为什么这样说呢？因为他的儿子在小公司的经营管理上，可以说到后来已经一点自主权都没有了，完全是一个傀儡，他只是在负责传达父亲的命令而已，因此他并没有得到真正的锻炼。其次，那个小公司是在得到崔会军大量资金和资源的支持下才发展起来的，如果没有这些资金和资源的支持，很难想象它能那么快地走出亏损，实现盈利，因为毕竟经营一个公司不是那么容易的。

崔会军在刚开始的时候是将经营权完全交给了儿子，但是可能他的儿子并不适合去管理一个公司又或者是经验不足，不管怎样结果是公司亏损了。其实这样的情况是很正常的，因为一个真正优秀的企业家必然是在经历过困难和挫折的反复锤炼后才成长起来的，一直都一帆风顺的企业家几乎没有。可是他因为怕被同行笑话，就剥夺了儿子进行锻炼的机会，把儿子变成一个可怜的附庸，试问这样的方法又怎么能说是成功的呢？

其实，目前我国政府对经济领域的直接控制和崔会军对儿子所采取的扶持办法是一样的。现在我国政府对经济领域的控制很强,影响很大,政府和国有企业掌握着大量的社会资源,垄断着一些核心的行业,政府给予这些自己控制的国企和行业大量资金、资源和政策的支持,让他们能够获得较大的盈利,他们获得了盈利,政府的收入也就大大增加了,与此同时国民生产总值也增加了,于是人们说中国的经济实力增强了。因此,政府为了保证较快的 GDP 增长率,对一些大型国企所进行的改革非常缓慢,在一定程度上减少了国企的竞争对手,让国企获取了较大的利润。政府怕一旦放松对国企的控制和支持,让更多的外企和私企在同样的条件下和他们竞争,就会有很多国企出现亏损,这样一来经济发展的速度就会降低。

所以,我们看到政府在开放一些重要市场和商品价格时还是非常谨慎的。比如,金融市场、利率、汇率和能源的价格,在这些领域全都由政府主导,因此这些领域现在都有一定的优势。正是因为这些重要的领域都被政府控制着,中国政府在遭遇金融危机时才能在短时间内动用大量的资源去应对危机,这也是我国的一种优势。

但是我国的这种政府主导的模式有优点,也自然会有缺陷。事实上在政府的长期保护和控制下,某些行业和企业实际上非常脆弱,一旦有一天它们失去了政府的保护,遇到很多比自己强大的竞争者,那么它们就很能会在竞争中失败。因此,政府一定要选择正确的发展战略,一定要坚持改革开放,坚持以市场为主导,不能完全依靠政府的力量去支持企业,那样企业就永远不会真正地强大。严格来说,政府应该顺应市场的力量,政府不能替代和否认市场,应该去弥补和支持市场。

第九章
面向未来的经济学

回味无穷

配第是英国古典经济学的创始人,他多才多艺,并拥有渊博的知识,马克思称他为"最有天才最有创见的经济学研究者",可是他的人品和学问根本就不成正比,让人无法恭维。

他在1651年得到英国驻爱尔兰司令亨利·克伦威尔的信任,成为他的医生。1652年成为英国驻爱尔兰总督的私人秘书。因为得到克伦威尔的信任,所以他很快就出任爱尔兰土地分配总监,主持把爱尔兰人的土地分给驻爱尔兰的英军和其他工作人员。可是他却利用手上的特权为自己谋取了五万英亩的土地,成为了新兴的土地贵族,这是他人生中的第一个污点。后来到了斯图亚特王朝复辟的时候,他又背叛了对他有大恩的克伦威尔,投入了斯图亚特王朝的怀抱,结果他被查理二世封为爵士,并担任爱尔兰的测量总监,又为自己谋取到了大量的土地。他到晚年的时候已经拥有了二十七万亩的土地,此外他个人的私生活也很不检点。因此,他去世后他的子孙并没有将他的著作出版,因为按照惯例出版作品是要有作者传记的,但是他的人品这样的不好,他的子孙不想将他的丑事公布于众。

重农抑商——工商业与农业的关系

商鞅是战国时期著名的政治家、思想家和改革家,他在秦孝公的支持下实施了著名的"商鞅变法",为秦国最终统一天下奠定了强大的经济基础。

商鞅被秦孝公任用之后先通过"立木取信",得到了秦国老百姓的信任,然后严厉打击不遵从新法的秦国贵族,最典型的事件就是太子不遵从新法,他就严厉地惩罚了太子的两个师傅,割了他们的鼻子,从此之后再也没有人敢反对新法。

商鞅在秦国实行的新法最核心的内容就是重农抑商、奖励军功。他颁布法令废除了原来的井田制,允许土地私有,可以买卖,这样一来就大大提高了农民进行生产耕作的积极性。他还鼓励百姓开荒,按照土地的多少向老百姓征收一定的赋税。

他规定生产粮食和布帛多的农民可以免除本人的劳役和赋税,宣布以农业为本业,以商业为"末业"。那些放弃农业去经营商业或是游手好闲导致贫穷的人,全家都会被罚做官奴,除此外他还招募别的诸侯国的农民到秦国去开荒。为了鼓励农业的发展,他还规定凡一家有两个儿子,到儿子成年后就必须分家,让他们也种一块地,否则就

第九章
面向未来的经济学

要向国家交纳双倍的赋税。这些措施有利于国家增加人口，征发徭役和户口税，有利于国家经济的发展。

商鞅的重农抑商政策让秦国的经济得到了飞速的发展，让落后的秦国开始慢慢赶超其他诸侯国，为秦国统一战争的胜利奠定了坚实的基础。

商鞅为什么要重农抑商？因为在商鞅所处的时代，只有发展农业才能让人们获得最基本的生活资料；发展农业可以让国家获得赋税，有了钱和粮才能进行对外战争；发展农业有利于社会安定，可以将农民束缚在土地上，减少社会的不安定因素。另外，当时工商业很不发达，不能为国家带来多少财政收入。而且发展工商业会让劳动力离开土地，这样一来种地的人就少了，会直接导致国家粮食储备不足，财政收入不足。因此封建社会才把农业看成是天下之本，历代封建王朝都执行重农抑商的政策。

可是也正是因为我国长时间实行重农抑商的政策，才导致了长期的闭关锁国和经济落后，特别是在封建社会后期，重农抑商政策直接阻碍了工商业的发展，而工商业的落后又反过来导致农业生产力的落后。

那么，在今天农业和工商业的关系应该是：在大力发展工商业的同时，千万不要忘了农业是国民经济的基础。如果农业生产遭受影响，那么整个国民经济都会乱套。只有农业和工商业协调发展，国家经济才会更好地发展，老百姓才会获得更大的利益。

回味无穷

一个小男孩跟着家人从城里移居到了乡下，他花了一百美元从一个农民那里买了一头驴。这个农民答应第二天把驴带给他。可是第二天，农民带给他一头死驴。

小男孩非常生气，但是农民拒绝把钱还给他，理由是并没有说一定会给小男孩一头活驴，小男孩很无奈，只好收下了死驴。

两个月后，那个农民再次遇到了小男孩，他问小男孩："那头死驴怎么样了？"

小男孩说："我依靠他赚了四百九十九美元。"那个农民觉得非常吃惊。

小男孩说："我把那头死驴作为奖品，举行了一次抽奖活动。一美元一张票，总共有六百个人来抽奖，我就这样收了六百美元。"

农民很好奇地问："难道就没有人对此表示不满吗？"

小男孩说："当然有，那个抽到死驴的人很不高兴，我就把那一美元票钱还给了他，然后扣除一百美元的成本，最终我赚了四百九十九美元。"

这个小男孩长大后成为一家国际大企业的总裁。